东南大学图史

A PICTORIAL HISTORY OF
SOUTHEAST UNIVERSITY

主编　刘云虹
编写　刘云虹　郭淑文　徐　源

东南大學出版社
SOUTHEAST UNIVERSITY PRESS
· 南京 ·

图书在版编目（CIP）数据

东南大学图史 / 刘云虹主编 . -- 南京 : 东南大学
出版社 , 2025. 5（2025.6重印）. -- ISBN
978-7-5766-2137-2

Ⅰ . G649.285.31-64

中国国家版本馆 CIP 数据核字第 20255A8F97 号

责任编辑：戴丽　陈淑　　责任校对：子雪莲　　封面设计：张志贤　　责任印制：周荣虎

东南大学图史
Dongnandaxue Tushi

主　　编　刘云虹
出版发行　东南大学出版社
出 版 人　白云飞
社　　址　南京市四牌楼 2 号　邮编：210096
网　　址　http://www.seupress.com
经　　销　全国各地新华书店
印　　刷　上海雅昌艺术印刷有限公司
开　　本　700 mm×1000 mm　1/16
印　　张　19.5
字　　数　302 千
版　　次　2025 年 5 月第 1 版
印　　次　2025 年 6 月第 2 次印刷
书　　号　ISBN 978-7-5766-2137-2
定　　价　95.00 元

本社图书若有印装质量问题，请直接与营销部调换。电话（传真）：025-83791830

止于至善

出自《礼记·大学》："大学之道，在明明德，在亲民，在止于至善。"

东南大学校训

严谨 求实

团结 奋进

东南大学校风

东南大学校歌

　　六朝松是东南大学的精神图腾，位于校园西北，相传为六朝遗株，为金陵古树名木。据著名林学家马大浦、黄保龙鉴定，其学名为"桧柏"，树龄已逾千年。"古堞烟埋宫井树，陈主吴姬堕泉处"，六朝宫苑，今已不复找寻，唯此青松历经一千五百余年，栉风沐雨，仍霜干虬枝，纷披偃盖，饶有生意。六朝松见证了六朝宫苑的繁华疏落，见证了《昭明文选》的成书、《永乐大典》的编纂，更见证了学校辉煌灿烂的百廿办学历程。

历史沿革 HISTORY

2000年，东南大学、南京铁道医学院、南京交通高等专科学校合并，南京地质学校并入 → **2000**

1988 ● 东南大学
SOUTHEAST UNIVERSITY

1960年，农机、汽拖专业迁出，组建镇江农业机械学院 → 江苏大学

1958年，化工系迁出，组建南京化工学院 → 南京工业大学

1958年，食品工业系迁出，组建无锡轻工业学院 → 江南大学

1955年，无线电系部分迁出，援建成都电讯工程学院 → 电子科技大学

金陵大学、江南大学、武汉大学、浙江大学、复旦大学、交通大学、山东工学院、厦门大学等高校有关系科及专业并入 → **1952** ● 南京工学院
NANJING INSTITUTE OF TECHNOLOGY

工学院

法律系政治系调至华东政法学院（今华东政法大学）

法学院经济学系并入复旦大学

南京大学 ← 文学院、理学院、法学院

文学院哲学系并入北京大学哲学系

解放军第四军医大学 ← 医学院

河海大学 ← 工学院水利系

西北工业大学 ← 工学院航空工程系与交通大学、浙江大学航空系组建华东航空学院

1952 师范学院 → 南京师范大学

农学院 → 南京农业大学

1950 南京大学
NANJING UNIVERSITY

农学院森林系 → 南京林业大学

1949 国立南京大学
NATIONAL NANJING UNIVERSITY

复旦大学医学院

国立中央大学
NATIONAL CENTRAL UNIVERSITY

1932年，医学院独立 → 上海医科大学

1932年，商学院独立 → 上海财经大学

1929年，农学院水产学校独立 → 上海海洋大学

1928 ● 江苏大学
JIANGSU UNIVERSITY

1927 国立第四中山大学
THE FOURTH NATIONAL SUN YAT-SEN UNIVERSITY

河海工科大学、江苏法政大学、江苏医科大学、江苏公立南京工业专门学校、江苏公立苏州工业专门学校、江苏省立第一农业专门学校、上海商业专门学校等校并入

1921 国立东南大学
NATIONAL SOUTHEAST UNIVERSITY

1915 南京高等师范学校
NANJING HIGHER NORMAL SCHOOL

1905 两江师范学堂
LIANGJIANG NORMAL SCHOOL

1902 ● 三江师范学堂
SANJIANG NORMAL SCHOOL

序言

习近平总书记指出，"历史是最好的教科书，一切向前走，都不能忘记走过的路；走得再远、走到再光辉的未来，也不能忘记走过的过去"。这一深刻论述为我们推进校史编纂、充分发挥校史育人功能，更好地以史为鉴、以史明志、以史聚力指明了方向。大学校史编纂作为一项系统性、长期性文化工程，其意义和价值不仅在于记录一所大学的成长轨迹，更在于通过历史叙事塑造身份认同、传承精神内核，并为未来发展提供镜鉴。

东南大学是一所历史悠久、底蕴深厚的大学，学校前身为创建于1902年的三江师范学堂，是中国近代最早设立的具有现代意义的高等学府之一。在120多年的办学历程中，学校经历了两江师范学堂、南京高等师范学校、国立东南大学、国立中央大学、南京工学院等重要历史时期。1988年，学校复更名为东南大学。2000年4月，原东南大学、南京铁道医学院、南京交通高等专科学校合并，南京地质学校并入，组建新的东南大学。120多年来，东大从创建起就与民族和国家共命运，始终心怀天下、心系祖国，为科学进步、民族复兴而自强不息、追求卓越，逐步形成了"严谨、求实、团结、奋进"的优良校风和"以科学名世、以人才报国"的办学理念，铸就了"止于至善"的校训精神，始终走在中国高等教育的前列。东大的历史是中国高等教育发展的代表，也是近代以来中国社会政治、经济、文化发展的镜像。

中国自古以来就有"左图右史"的治学传统。图画不但是文字的说明，并且是文字的延长。在当今"读图时代"的浪潮中，图像已超越单纯的记录工具，成为塑造集体记忆的重要媒介。校史研究室在《东南大学史》（1-3卷）的基础上，查阅了大量的史料、档案，汇总各相关部门的数据，编写了《东南大学图史》，以大量珍贵、精彩的图片，简明扼要的文字，图文并茂、生动形象地介绍了学校的发展历程和既往的辉煌成就；以视觉的穿透力，将校史从文字的平面叙述升华为可触可感的立体记忆；通过一幅幅图像打造了穿越时空的对话窗口，展示了一代代东大人"止于至善"的精神图谱，将丰富的校史资源转化成精神的火炬，激励一代代东大人薪火相传、赓续前行。

"小景之中，形神自足。"作为一本东南大学简史，这本书体量适中，更方便师生、校友学习了解学校的历史，推动校史的传播与普及，爱校荣校，是一本值得推荐的好书。在这里，感谢为这本书的编辑出版付出辛勤努力的同志们！以史为鉴、开创未来，让我们凝心聚力，坚持"服务国家重大战略、服务社会重大关切、服务产业重大需求"，加快建设中国特色世界一流大学，为实现中华民族伟大复兴、促进人类文明发展进步作出东南大学不可替代的卓越贡献！

东南大学党委书记

二〇二五年三月

前言

东南大学是中国最早建立的具有现代意义的高等学府之一。学校的发展历程既是一部饱经沧桑、曲折前进的历史，又是一幅波澜壮阔、激动人心的画卷。历史是最好的教科书，温故以知新，鉴往以知来。回望东大来时之路，会使我们不忘初心、牢记使命，更加热爱我们的国家、我们的学校。

从三江肇始，到东大再兴，我们从苦难中走来，肩负着教育救国、民族复兴的使命；我们向光明的未来走去，在奋斗中不断成就辉煌。在120多年的风雨历程中，办中国最好的大学，建设世界一流大学，更好地服务国家发展建设，始终是一代代东大人不变的"初心"、肩负的使命、矢志不渝的追求。东南大学胸怀天下、心系祖国，办学兴教、立德树人，筚路蓝缕、砥砺前行，以科学名世、以人才报国，始终走在中国大学前列，为中国教育科技事业发展奉献了智慧与力量，作出了重要贡献。

奋进新时代，谱写新篇章。今日的东南大学，坚持以习近平新时代中国特色社会主义思想为指导，秉承和践行"止于至善"校训，树立一流意识、围绕一流目标、贯彻一流标准，坚持瞄准前沿、服务国家、师生为本、人才为先，推进多学科融合、理工文医综合、产学研结合、国际化联合，全面深化综合改革，努力实现人才培养、科学研究、师资队伍、文化传承创新、国际合作等方面的重大突破，争取早日建成具有鲜明中国特色、东大气质、人民满意的世界一流大学，为实现中华民族伟大复兴、促进人类文明发展进步作出卓越贡献。

【明】（1368—1644年）

洪武十四年（1381年），建国学于鸡鸣山之阳。当时四方之士，远迄川滇，咸闻风来学，而日本、琉球、暹罗诸国，亦向慕华化，遣官生入监；其规模之宏，学生之多，学习之博，风被之广，承沿之久，为时世所罕见。

螭首是南京国子监目前唯一见诸于世的建筑构件，形成于14世纪中期，位于东大四牌楼校区孟芳图书馆门前的草坪上，据考证为明国子监先师庙大成殿平台四角部螭首之一。

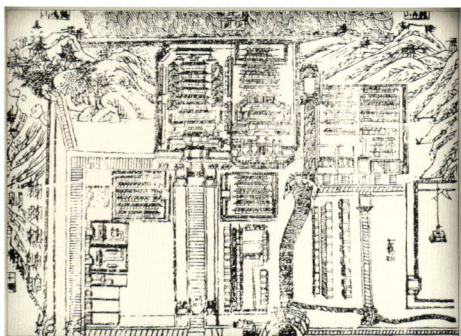

《南雍志》载国子监总图

螭首

东南大学所在的六朝古都南京，自古以来，即为人文荟萃之地。东吴永安元年（258年）诏立五经博士，开南京设立国家高等学府之先河。南朝刘宋时期，于鸡鸣山麓设立儒学、玄学、文学、史学四所学馆，率先实行分科教授制度，名流大儒讲学于此。宋孝武帝时设华林学省，祖冲之在此潜心科学，推演圆周率，重造指南车。

东南大学素有"学府圣地"的美誉，其四牌楼校区曾是六朝宫苑遗址，亦是明朝国子监所在地。明洪武十四年（1381年），明太祖朱元璋以"治国以教化为先，教化以学校为本"，下诏在鸡笼山南建国子学，次年改称国子监。国子监群贤毕至，最盛时学子近万人，另有许多来自日本、琉球、高丽等国的留学生，堪称当时世界上规模最大的高等学府之一。清顺治时，以国子监坊为江宁府学。清光绪二十八年（1902年），创建三江师范学堂。千百年来，书声不断，学泽绵延。

【清】（1616—1911年）

成祖诏修《永乐大典》，以祭酒胡俨、学士王景为总裁，及太学儒生数千人，开馆于文渊阁，秘库书数百万卷，浩无端倪。

顺治七年（1650年），以国子监坊为江宁府学，顺治十七年（1660年）重建文昌书院。

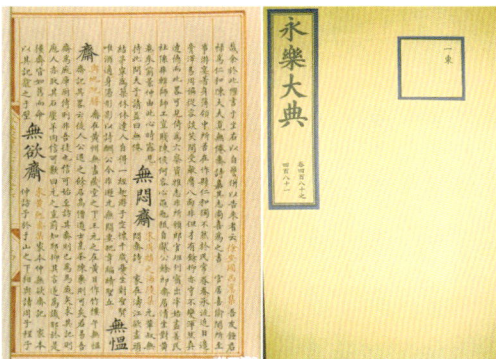

《永乐大典》

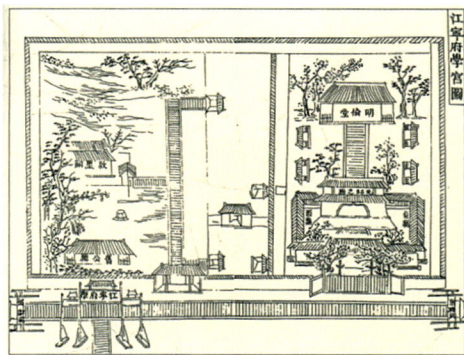

《康熙江宁府志》（陈开虞本）载江宁府学宫图

» 文脉渊源

孙权既都建业，太子孙休雅称好学，及嗣位，遂以兴学为要务，永安元年（258年）冬，诏立五经博士，令将吏子弟就业，是为南京有国立学校之初桄。

建武元年（317年），司马南渡，南京遂为文献渊薮。

咸康太元，两立国学，淮水南北，官省相望。

讲学图

【南朝】（420—589年）

华林学省、总明观内，经史文集，浩如烟海。
祖冲之潜心科学，推演圆周率，重造指南车。

萧梁定都建康，肇开五馆，名流大儒，
讲学于鸡鸣山麓，文物之盛，甲于南朝。

祖冲之

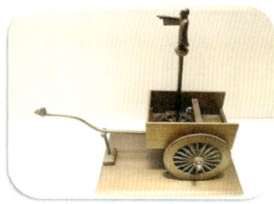
指南车模型

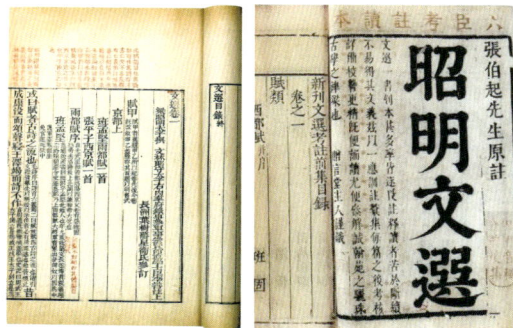
《昭明文选》

目录

第一章

三江、两江师范学堂

(1902—1912)

　　19世纪末，民族危机空前严重，改良维新思潮高涨，求强思变、兴学育才成为忧时爱国之士的共同认知。1902年创办的三江师范学堂是中国最早建立的具有现代意义的高等学府之一，1905年改名为两江师范学堂，主要为江苏、安徽、江西三省培养中小学师资。学堂采取"中学为体，西学为用"的方针，以忠君、习经为本，同时注重学习西方现代科学知识，延聘日本教习，模仿日本教学模式，实现了传统书院教育体制向现代学校教育体制的转变，为中国近代的高等教育和社会发展培养了大批人才。

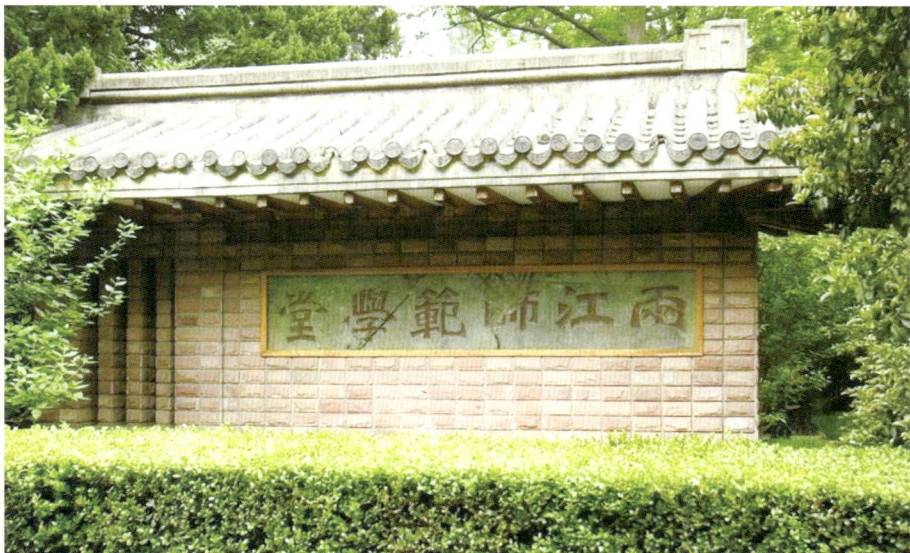

李瑞清手书的两江师范学堂碑

一、庠序南雍　肇启三江

1901 年 8 月，清政府谕令各省督抚学政"切实通筹认真举办大学堂"之后，各地举办大学堂有风起云涌之势。两江总督辖区江苏、安徽、江西本是文化发达之地，兴学堂之际，师资紧缺问题尤为严重。1902 年 5 月，两江总督刘坤一上书《筹办学堂折》，力主兴学"应从师范学堂入手"。

两江总督刘坤一　　　两江总督张之洞

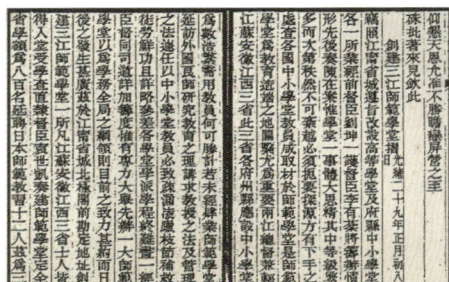

1903 年 2 月，继任两江总督张之洞以《创建三江师范学堂折》上奏朝廷，"师范学堂为教育造端之地"，提出在明国子监旧址"创建三江师范学堂一所，凡江苏、安徽、江西三省士人皆得入堂受学"。张之洞实为三江师范学堂创办人，他亲自筹办，筹措经费、勘定校址、兴建校舍、延聘教习。1903 年，他又派缪荃孙等教习赴日本考察，后聘请缪荃孙为总稽查，负责筹办

张之洞所作《创建三江师范学堂折》
（1903 年 2 月 5 日）

学堂。张之洞离任后，在继任两江总督魏光焘的积极筹备下，1903 年 9 月，三江师范学堂挂牌开办，1904 年 11 月正式招生开学。

三江师范学堂开办合影（1903 年），魏光焘（前排左）、张之洞（前排右）

二、两江继之　新学先声

1904 年后，学堂内常因学生省界和经费问题发生矛盾和纠纷。1905 年周馥继任两江总督，遂以总督之称而将校名改为"两江师范学堂"。

校训：嚼得菜根　做得大事

校风：俭朴　勤奋　诚笃

学风：独立思考　崇实务本

校标　　　　　　　　　两江师范学堂关防

三江、两江时期，学制根据《癸卯学制》，参考日本学制制订，主要分为最速成科（一年）、速成科（二年）、初级师范本科（三年）和优级师范本科（四年）。

三江、两江师范学堂教学、招生及所授课程

学部	入校日期	毕业日期	所授课程（1908 年）
优级本科理化数学部	1904 年 9 月	1906 年	伦理学、经学、教育、物理、化学、手工、图画、音乐、英文、文学、体操
	1907 年	1909 年 11 月	
优级本科博物农学部	1904 年 9 月	1906 年	伦理学、经学、教育、动物学、植物学、矿物学、生理学、卫生学、农学、图画、英文、文学、体操
	1907 年	1909 年 11 月	
优级本科公共科	1906 年 8 月	三年，一年预科，二年补习普通学程后入分类科	修身、教育、物理、化学、博物、手工、图画、法制、音乐、英文、东文、文学、数学、历史、地理、体操
	1907 年 9 月		
优级选科预科	1906 年 8 月	一年毕业后入选科	修身、教育、物理、化学、博物、手工、图画、法制、音乐、英文、东文、文学、历史、地理、数学、体操、农学
	1907 年 9 月		
初级本科	1904 年 9 月	1907 年 10 月	修身、教育、物理、化学、博物、法制、手工、图画、农学、音乐、英文、东文、文学、数学、历史、地理、体操

三、布学传道　琢玉成器

三江、两江师范学堂监督

任期	姓名
1903—1905 年	杨觐圭
1905 年	刘世珩
1905 年	徐乃昌
1905—1911 年	李瑞清

李瑞清监督

李瑞清（1867—1920），字仲麟，号梅庵，自称清道人，江西省临川人。中国近代著名书画家、现代高等师范教育的重要奠基人和改革者，中国现代美术教育的先驱。1894年中进士，后选为翰林院庶吉士，1905年分发江苏候补道，署江宁提学使。1905—1911年，李瑞清担任两江师范学堂监督（即校长），主张融会贯通中西之学，造就"中国之培根、笛卡尔"，新设数学、物理、化学、地理、农学等课程，创设了中国第一个图画手工科，亲授国画课，培养了中国最早的美术师资和艺术人才。他"视教育若性命，学校若家庭，学生若子弟"，使两江师范学堂成为江南学子向往集聚之地。辛亥革命爆发后，李瑞清辞去监督职务，离校时见有学生生活贫困，随即卖去自己的车马，将钱散发，两袖清风，飘然而去，晚年寓沪，卖字鬻画为生。

学堂教员由中日教习组成，中日教习"互换知识"，彼此以学友相称。著名历史学家柳诒徵、经学家刘师培、诗人陈三立等都曾在此执教。

历史学家柳诒徵

经学家刘师培

诗人陈三立

　　两江师范学堂校风诚朴，师资雄厚，教学成绩卓著，学生考试成绩为江南各高等学堂之冠。1912年，两江师范学堂正式停办。学堂开办10年间，培养学生约计2000人。著名国学大师胡小石、古典文学家陈中凡、著名美术教育家吕凤子、书画名家汪采白等，皆为两江师范学堂时期的优秀毕业生。

国学大师胡小石　　　　古典文学家陈中凡　　　　美术教育家吕凤子　　　　书画名家汪采白

两江师范学堂师生合影

金工实习

木工实习

两江师范学堂庆典场景一

两江师范学堂庆典场景二

汪采白两江师范学堂毕业文凭（原件藏于歙县博物馆）

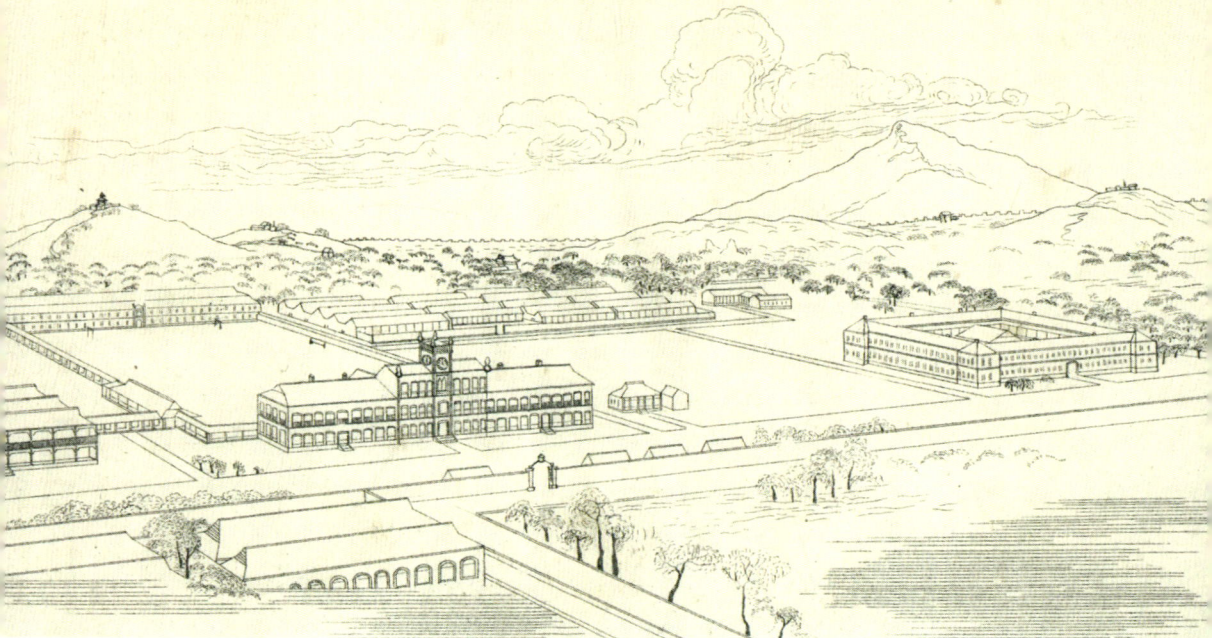

两江师范学堂手绘全图

四、黉舍初起　壮丽宽广

　　三江师范学堂校址为张之洞亲自选定，位于北极阁前明国子监旧址，规模宏敞。《东方杂志》曾高度评价，称其："校舍俱系洋式，壮丽宽广，不亚日本帝国大学。"[①]

一字房

---

① 《各省学堂类志》，《东方杂志》1904年第1期，第151页。

口字房

教习房

第二章

南京高等师范学校

(1915—1923)

　　1912 年，共和初兴，立新制、育国民，兴学风起。1915 年，南京高等师范学校（简称"南高"）创办于两江旧址，是我国最早成立的国立高等师范学校之一。在时任校长江谦、郭秉文等先贤的领导下，南高传承了两江师范学堂的办学传统，崇尚民族、民主、科学精神，融合中西，推陈出新，实行训育、智育、体育三育并举的方针，广延留学欧美师资，仿行欧美办学，寓师范教育、基础教育、实科教育于一体，初具综合大学雏形。学校事业日振，声誉鹊起。

南高校门

一、承前启后　创办南高

1914 年 8 月 30 日，江南硕儒、原江苏省教育司司长江谦受江苏省巡按使（省长）韩国钧之委任，出任南高校长，负责筹备建校。经过近一年的精心筹备，1915 年 8 月，学校公开招考，录取新生 126 人。

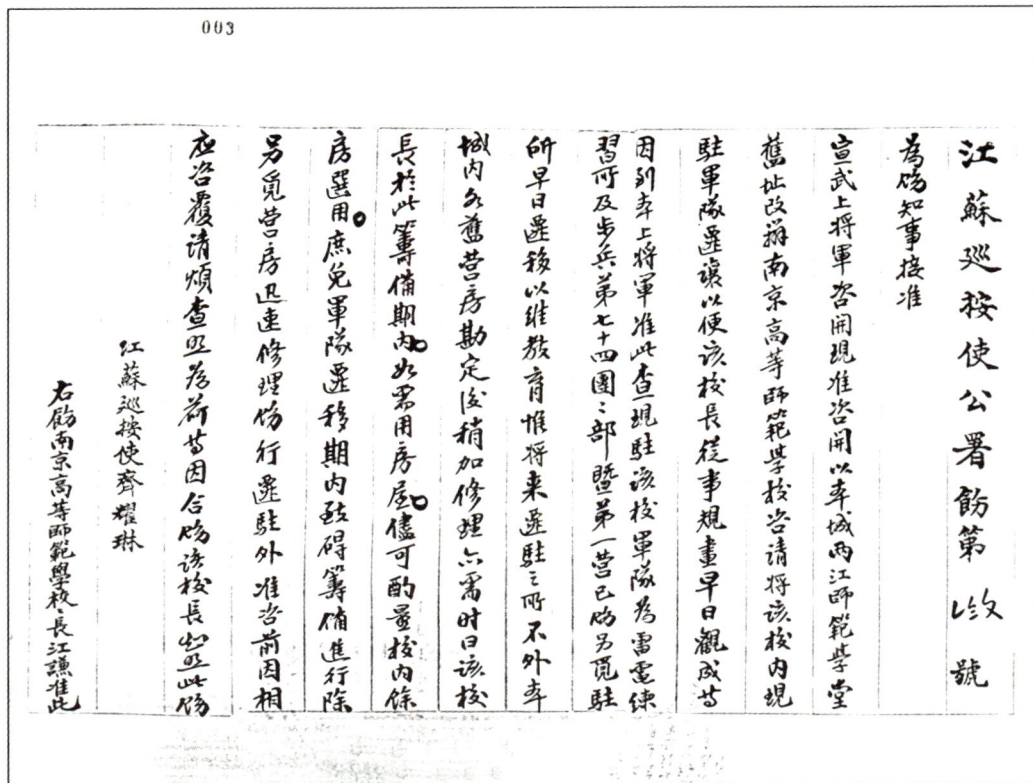

江苏巡按使公署关于两江师范学堂旧址改办南京高等师范学校的批文

訓校

誠

南高校训

南京高等师范学校章

南高精神：民族、民主、科学

南高校风：诚朴、勤奋、求实

校　歌

江易園先生作歌
李叔同先生製譜

大哉一誠天下勤

如鼎三足分曰知曰仁曰勇

千聖會歸分集成於孔

下開萬代彌萬方分一趨分同臻海西上分

校　歌

江谦词，李叔同曲

大哉一诚天下动，

如鼎三足兮，

曰知、曰仁、曰勇。

千圣会归兮，集成于孔。

下开万代旁万方兮，一趋兮同。

踵海西上兮，江东；

巍巍北极兮，金城之中。

天开教泽兮，吾道无穷；

吾愿无穷兮，如日方暾。

南高初期，机构简要，人员精干，在校长领导下，设立了行政和议事两个组织系统。后随着学校规模的扩大，机构逐步充实完善，至1920年，基本确立了体制与机构。

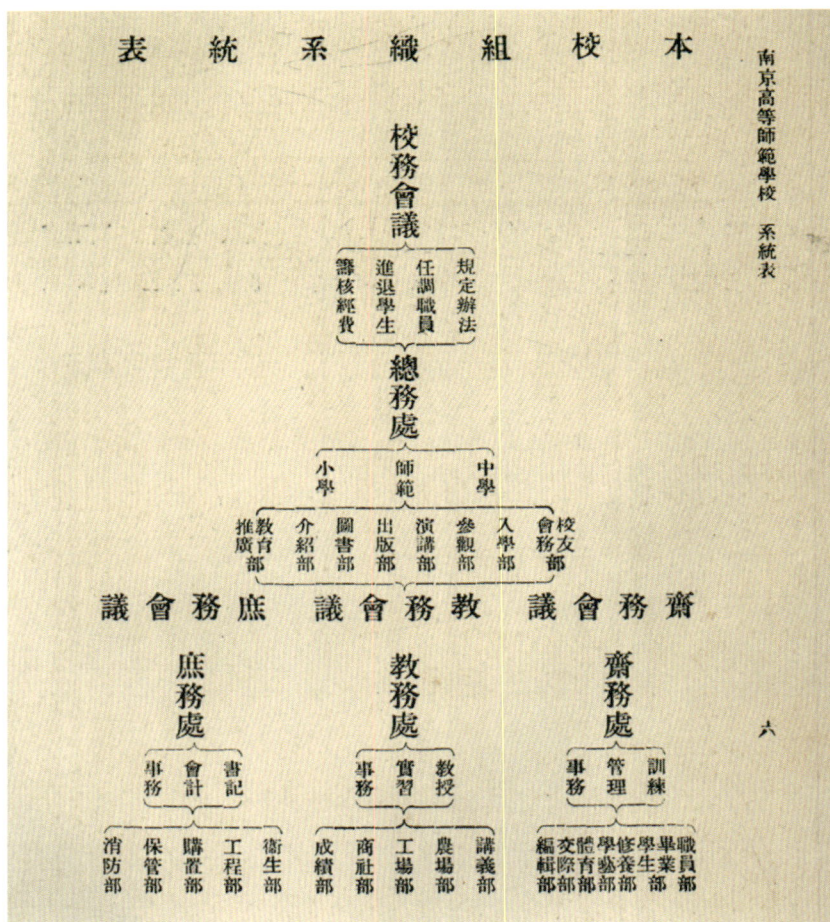

本校組織系統表

南京高等師範學校 系統表

校務會議

規定辦法　任調職員　進退學生　籌核經費

總務處

小學　師範　中學

教育推廣部　介紹部　圖書部　出版部　演講部　參觀部　入學部　校務部　校友部

庶務會議　　教務會議　　齋務會議

庶務處　　教務處　　齋務處

書記　會計　事務　　教授　實習　事務　　訓練　管理　事務

消防部　保管部　購置部　工程部　衛生部　　講義部　成績部　商社部　工場部　農場部　　職業員部　畢業生部　學養部　學育部　修體部　交際部　編輯部

六

南高组织系统表

南高的学科设置根据社会需要，结合自身条件，因势就利，从无到有，从少到多，取得了显著的成绩，突破了师范的界限，寓师范教育、基础教育、实科教育于一体，已初具综合大学的雏形。

南高学科设置

1915 年	1916 年	1917 年	1918 年	1919 年	1920 年	
国文部	国文部	国文部	国文部	国文史地部	文理科	国文系
						英文系
						哲学系
						历史系
理化部	理化部	理化部	理化部	数学理化部		数学系
						物理系
						化学系
						地学系
国文专修科	国文专修科	国文专修科	国文专修科	国文专修科	国文专修科	
	体育专修科	体育专修科	体育专修科	体育专修科	体育专修科	
	工艺专修科	工艺专修科	工艺专修科	工艺专修科	工艺专修科	
		农业专修科	农业专修科	农业专修科	农业专修科	
		商业专修科	商业专修科	商业专修科	商业专修科	
		英文专修科	英文专修科	英文专修科	英文专修科	
			教育专修科	教育专修科	教育专修科	

南高工艺实习场

南高梅庵

南高网球场

南高职员宿舍

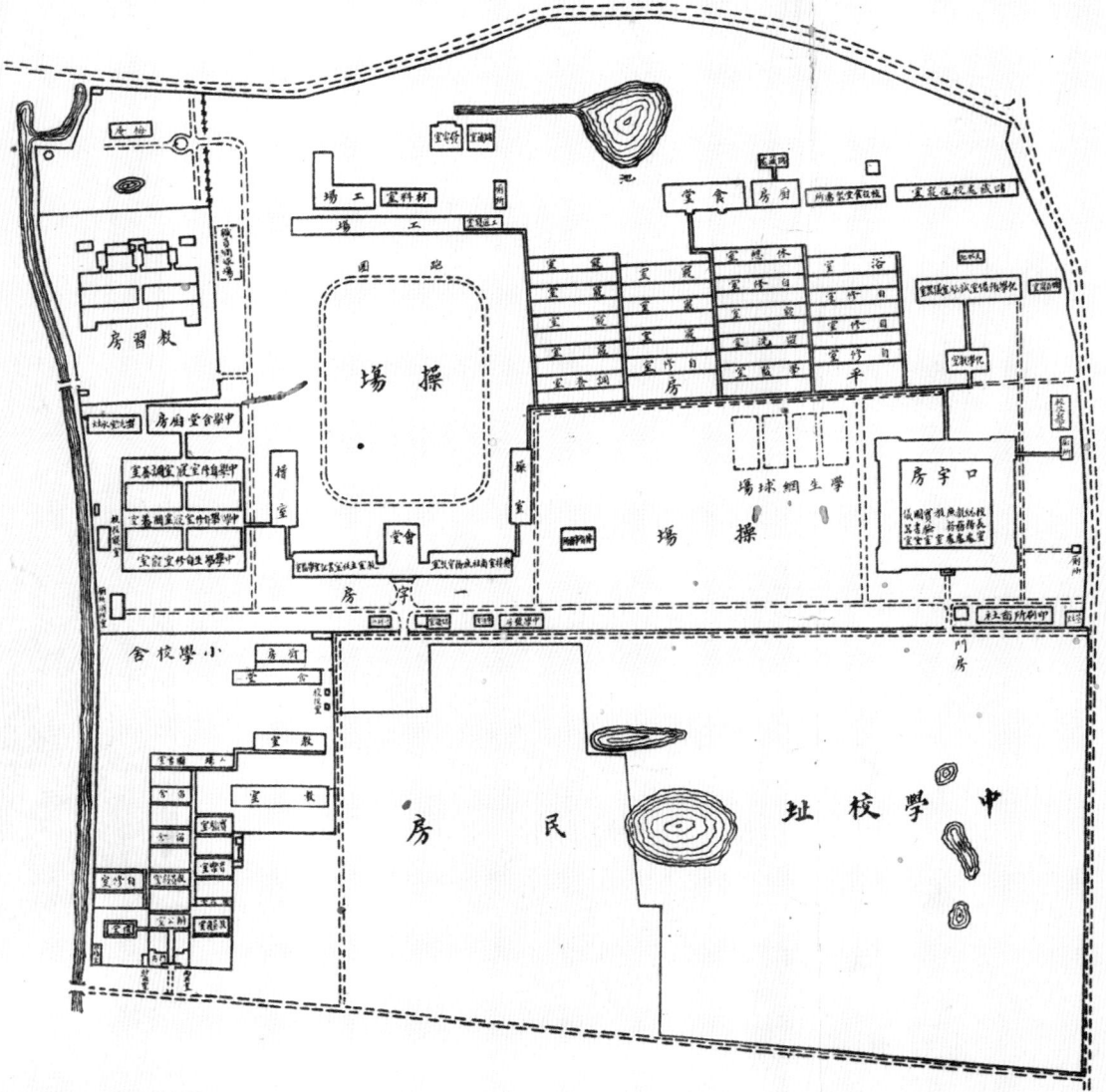

南高校舍图

二、革故鼎新　校誉日隆

为实现教育救国，校长江谦、郭秉文改弦更张，刘伯明、陶行知等南高先贤精心辅佐、励精图治，南高快速崛起，气象一新。

江谦（1876—1942），字易园，号阳复，安徽婺源人（今江西婺源）。近代著名教育家，中国近代教育事业的先驱。曾受业于南京文正书院。1914年，被任命为江苏省教育司司长。1914年8月，受命筹办南京高等师范学校并任校长。他以"诚"为校训，推行德智体三育并举的方针，重视实学、体育教育，开全国风气之先。1919年，因积劳成疾而离任，由郭秉文继任校长。

江谦校长

郭秉文
南高教务主任、代理校长、校长

刘伯明
南高文理部主任、校长办公处副主任(校长离校时代理校长)，被誉为"南雍祭酒"

陶行知
南高教务主任、教育科主任

三育并举

南高推行训（德）育、智育、体育三育并举的方针：

训育

标准：养成对于国家负责任的国民之完善人格；

方法：启学生自动之机，使自向所定之标准进行，以至于
能自立而止；

程序：先由一己以及他人，次由学校以及社会，盖以成己
为始，而以成物为终也；

实施：修养（学生重躬行与省察，教职员重感化与考查）；
服务（学生重实践和研究，教职员重示范与检查）。

智育

标准：养成思想及应用能力；

方法：重兴疑与试验之结合，重理想与实际之联络；

实施：设科，教授，实验，研究，实习，参观。

体育

标准：养成坚强之体魄及充实之精神；

方法：重视养护、培养元气，注重锻炼、操练筋骨，及时
医治、矫正体格；

实施：列体育为必修课，设卫生部、中西医诊疗室，采用
分食制。

开山辟路

在教育教学上，南高颇具开拓精神：改"教授法"为"教学法"，倡导教学合一；采用选科制，推行课程改革；倡导教育学科学化。南高办学成绩斐然，创造了近代中国高等教育史上的众多第一：

1916年，开办第一个体育专修科

南高体育专修科毕业纪念摄影

1920年，首开女禁，实行大学男女同校

南高首开女禁招收的八位女生
（李今英、陈美宝、黄叔班、曹美恩、吴淑贞、韩明夷、倪亮、张佩英）

1920年，首次面向社会开办暑期学校

南高暑期学校开校典礼

1920年，成立第一个新型地学系

南高史地研究会全体会员合影

沟通中外

  调和文理，沟通中外，倡导科学精神，注重科学教育，促进教育、科学的共同发展，造就众多的科学人才，是南高的一大特色。南高致力于延揽中外著名科学家来校任教、讲学，成为中西文化交流的荟萃之地。

约翰·杜威
（1859—1952）

1920年春，美国实用主义哲学创始人杜威来华，在南高进行了"教育哲学""新人生观""科学与民主"等多场演讲。暑期学校开办后，杜威在蔡元培、黄炎培等陪同下再次来校演讲。

伯特兰·罗素
（1872—1970）

1920年10月，英国著名哲学家、历史学家罗素来校做"关于哲学"的演讲，倡导以逻辑推理与科学方法寻求知识。

南高教育科师生与美国教育家杜威合影
（前排坐者左起：杜威、杜威夫人、杜威长女、陈鹤琴、刘伯明、陆志韦、陶行知、郑晓沧、廖茂如、余子夷）

三、名师荟萃　英彦云兴

南高的教职员工逐年增加，1915 年仅有教职员约 30 人，到 1921 年，职员达到 75 人，教员达到 102 人，其中教授 55 人，外籍教授 3 人，教授占比达 56.8%，可谓名师荟萃。

国学大师王伯沆　　　戏曲理论家吴梅　　　经济学家杨杏佛　　　音乐家、美术教育家
李叔同

1922 年 12 月，学校通过《南京高等师范归并东南大学办法》，1923 年 7 月，议决取消高师，撤去校牌正式归并东南大学。至 1926 年 6 月最后一届学生毕业，南高共计有毕业生 759 名，这些学生大多长期从事教育，其中不乏一些著名的学者专家，如物理学家吴有训、农学家冯泽芳、动物学家伍献文、历史地理学家张其昀等。

物理学家吴有训　　　农学家冯泽芳　　　动物学家伍献文　　　历史地理学家张其昀

国文专修科毕业
纪念全体摄影

农科第二届毕业
生合影（1921 年）

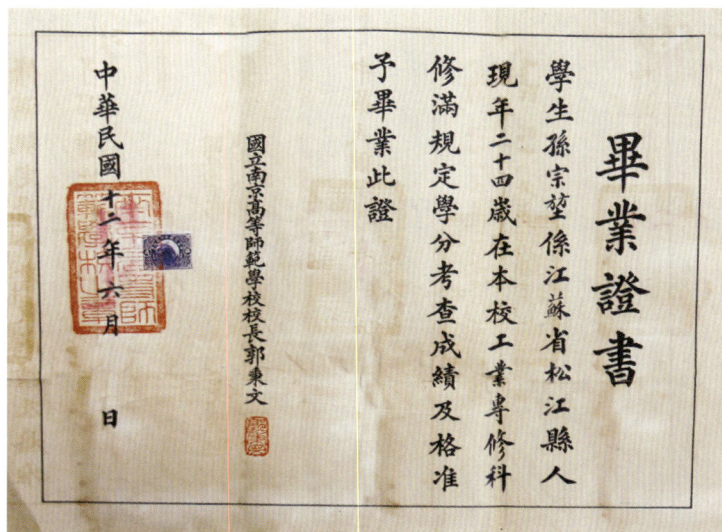

孙宗垫南京高等
师范学校毕业证
书

四、梅庵胜地　初心永定

梅庵位于校园西北角六朝松旁，原为一座三开间的茅屋。南高师成立后，江谦校长为褒扬李瑞清监督办学之功，以其号将之命名为"梅庵"，并在四周植以梅花。为振兴国乐，江谦校长曾邀请著名古琴家王宾鲁先生来校教授古琴，邀请沈肇州先生来教授琵琶，梅庵成为传授国乐的琴房，系梅庵琴派的发源地。1933年，中央大学将梅庵原有茅屋拆除，改建为砖混结构平房，作为音乐教室使用。

20 世纪 20 年代的梅庵

古琴家王宾鲁

五四运动后，社会主义思潮兴起，学校师生中的许多有识之士开始积极传播马克思主义。1918年创刊的《南京高等师范日刊》、后来的《国立东南大学、南京高师日刊》都曾刊载过介绍社会主义和马克思主义的文章。

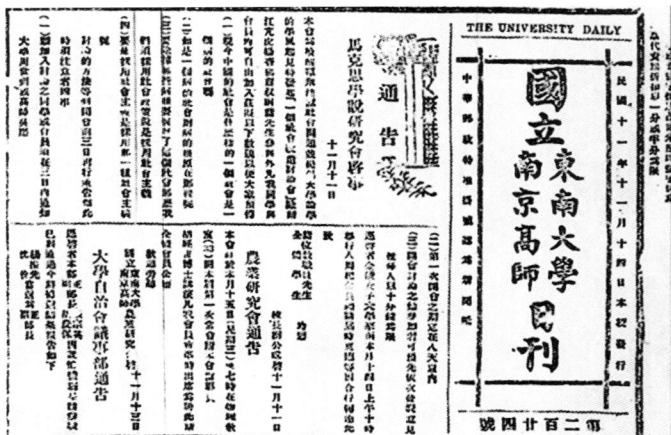

国立东南大学、南京高师日刊

南高及后来成立的国立东南大学成为江苏地区马克思主义传播中心和党团活动基地。1921年7月1日，少年中国学会第二届年会在梅庵召开。1922年5月5日，中国社会主义青年团南京地委在梅庵举行成立大会，推选国立东南大学学生吴肃、侯曜为负责人，成立了"南京马克思学说研究会"。

1921年7月，在梅庵参加少年中国学会南京年会的23名会员合影

　　1923 年 8 月 20 日至 25 日，中国社会主义青年团第二次全国代表大会（简称"团二大"）在东大召开。这是团的历史上唯一一次在高校召开的全国代表大会。毛泽东、邓中夏、瞿秋白等莅会致辞并做报告，东大学生谢远定以南京团组织代表的身份参加了会议。"团二大"首次将团与党的关系从"协定"确定为"服从"，确保团与党在思想和行动上的完全一致，为青年运动指明了正确的方向。

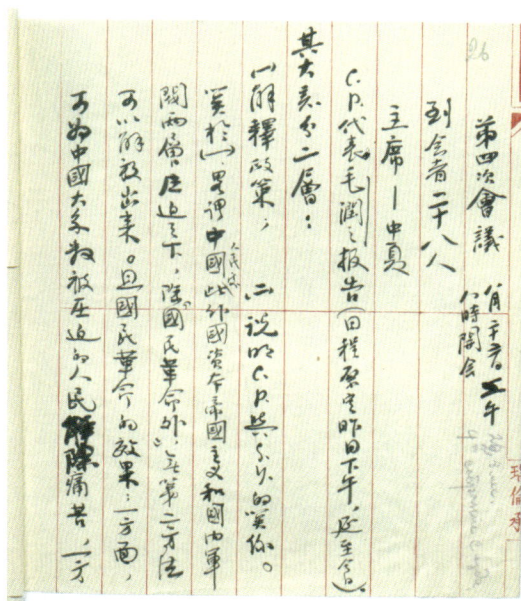

中共中央代表毛泽东在"团二大"第四次会议所做报告

中共中央代表毛泽东致祝辞

　　S.Y. 去年最好的现象是在各地方能彼此谅解，没有如 C.P. 一样发生彼此的误会与隔阂。希望以后仍保持这样的精神。

　　S.Y. 年来的缺点，就是不与群众接近，而又自露色彩太甚，令人望而生畏，今后应训练团员到群众间去。

　　S.Y. 以前的运动太空洞，不合实际生活的要求。希望今后由空想进于实际，注意民众痛苦症结之所在，而从事于脚踏实地的工作。

　　——俄罗斯国家社会政治历史档案馆藏，全宗533，目录10，案卷1781

此行是毛泽东第二次到访东南大学。据《毛泽东年谱》记载，早在1921年，毛泽东参加中共一大后，曾于"8月上旬到杭州、南京一带游历。在南京，看望周世钊以及在东南大学暑假补习班学习的陶毅、吴钊等六人"。

陈设于今梅庵的中国社会主义青年团第二次全国代表大会史料展

团二大部分档案复制件

第三章

国立东南大学

（1921—1927）

1921年6月6日，国立东南大学（简称"东大"）在南京高等师范学校的基础上创建而成，是我国最早建立的国立综合性大学之一。学校仿行美制，革故鼎新，寓师范于大学之中，囿文理与农工商等实科于一体，系科之齐全为国内高校仅见，堪称当时中国综合性大学之典范。东大推行民主治校，倡导学术自由、学生自治，建立了"三会制"的治理体制，倡导"四个平衡"的办学方针；新设系科，开创中国教育史上的"三个第一"；设立校董会，开我国国立大学设校董会之先河；面向世界，交流学术。学校俊彦荟萃，英才辈出，迅速崛起为蜚声中外的"东南第一学府"。

国立东南大学校门

一、鼎立东南 蔚成一流

1920 年 4 月，郭秉文校长在校务会议上提出在南京高等师范学校校址及南洋劝业会旧址建立大学的议案，获一致通过。同年秋，郭秉文校长与张謇、蔡元培、王正廷等十人联名向教育部正式陈请在南京建立国立大学，11 月又以南京高等师范学校的名义向教育部正式呈请，终获国务会议通过并定名为国立东南大学。

国立东南大学校标

国立东南大学之章

1921 年 6 月 6 日，校董大会召开，一致推举郭秉文为校长，国立东南大学正式宣告成立。

郭秉文校长

郭秉文（1880—1969），字鸿声，江苏江浦县人。著名教育家，中国现代大学的开创者。早年卒业于上海清心书院，后赴美留学，1914年获哥伦比亚大学教育学博士学位。归国后先后任南京高等师范学校教务主任、校长，1921年，筹建国立东南大学，被誉为"东南大学之父"。掌校期间，郭秉文以美国高校学制为模本，以中国国情和社会需要为依据，谋发展，图创新，实施民主治校，倡导"四个平衡"，延师有道，筹资有方，兴建馆舍，积极开展国际学术交流，使东南大学学科迅增、各具特色，俊彦云集，英才辈出，校誉日隆、声名远播。1925年1月，郭秉文因"易长风潮"离任，后任中华教育促进会会长等职，连续三届当选为世界教育会议副会长兼亚洲分会会长，晚年创立中美文化协会。1947年，退休留居美国。

　　郭秉文校长主张"学者治校，学术自由，学生自治"，仿行美制，实行民主治校，采用校长领导下的"三会制"，即评议会、教授会和行政委员会，校长兼任三个委员会的主席。

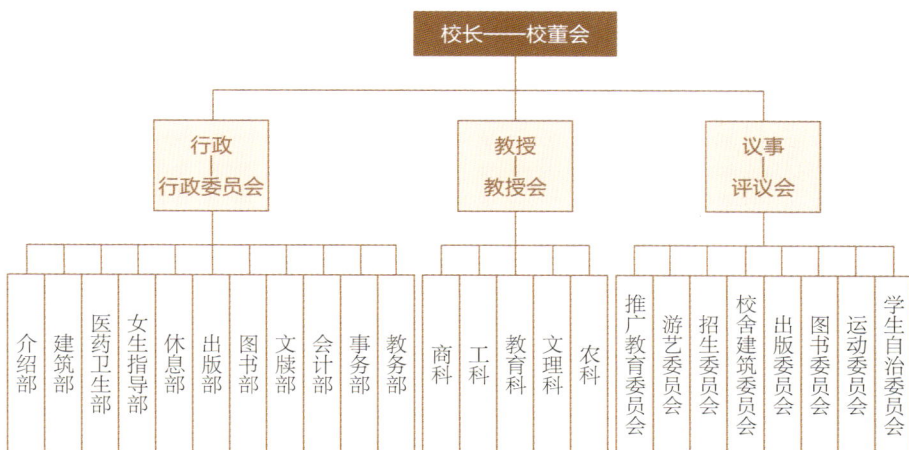

国立东南大学组织系统表

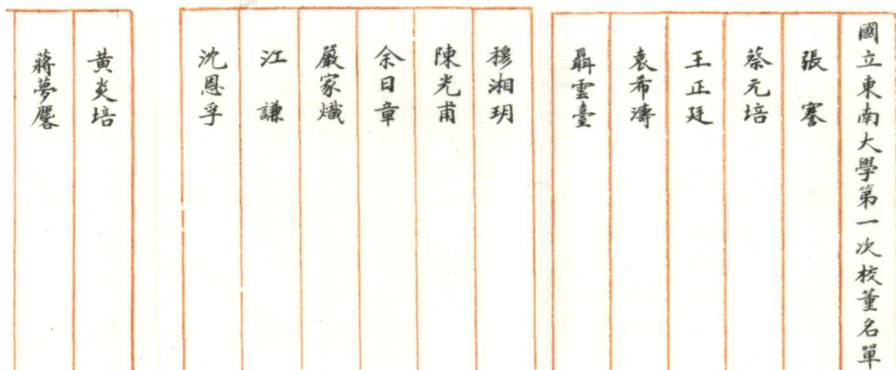

国立东南大学第一次校董名单

　　国立东南大学的学科是在南高师的基础上发展起来的，文、理、工、农、商、教育诸科兼设，系科之齐全为全国高校仅见。

国立东南大学系科设置（1923 年）

文理科		工科	农科	商科	教育科
国文系	地学系	机械工程系	生物系	普通商业系	教育学系
英语系	数学系	土木工程系	农艺系	会计系	心理学系
西洋文学系	物理系	电机工程系	园艺系	工商管理系	体育学系
哲学系	化学系		畜牧系	银行理财系	
历史系			蚕桑系	保险系	
政法经济系			病虫害系	国际贸易系	
			农产制造系	交通运输系	

四个平衡

郭秉文认为"平乃能和，和乃能进"，积极倡导"四个平衡"的办学方针。

通才与专才

通才与专才互相调剂，使通才不致于空疏，专才不致于狭隘，而成为平正通达、学有专长的建国人才。

人文与科学

人文社会科学与自然科学并重，既要提倡民族精神，弘扬中国文化的优良传统，亦要倡导科学精神，吸取西方进步科学文化。

师资与设备

以师资为先，注重延聘国内外一流专家学者，亦不忽视物资设备，谋求教学研究条件之改善。

国内与国际

博取百家之长，广求知识于世。既要成为研究之中心，又要成为国内外学术交流中心。

首开先河

国立东南大学锐意进取、勇于开拓，引领了中国高等教育的发展：

1921 年，创设中国最早的商科大学

国立东南大学分设上海商科大学（霞飞路尚贤堂旧址）

1921 年，成立国内第一个生物系

生物系实验室

1921 年，成立国内第一个算学系

算学系教师与创始人熊庆来（右四）合影

二、弘扬科学　昌明国粹

中国科学社，原名科学社，创办于1915年，是由留美学生创办的中国最早的、最有影响的民间学术团体。其创办的《科学》杂志，是中国最早的综合性科学学术期刊，也是我国现代科学史上历时最长的综合性科学刊物。1918年，中国科学社迁回国内，设总社于南高校内，其主要创始人任鸿隽、胡明复、秉志、赵元任等皆受聘于南京高等师范学校、国立东南大学，悉心传授科学知识。国立东南大学成为中国科学社的大本营和推动中国科学发展的重要基地。

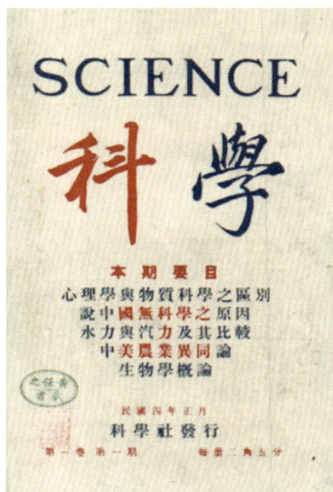

《科学》杂志封面

中国科学社第一届董事会（1915年10月25日）
（后排左起：秉志、任鸿隽、胡明复；前排左起：赵元任、周仁）

中国科学社社徽

1922年，梅光迪、吴宓等创办了《学衡》杂志，并以此为中心，在思想文化界形成了一个文学复古、反对新文化运动的流派——学衡派。学衡派主张"论究学术，阐求真理，昌明国粹，融化新知"，反对全盘西化论，认为"吾国文化，有可与日月争光之价值"，是中国传统文化的守护者，也成为后世新儒学的学术滥觞。

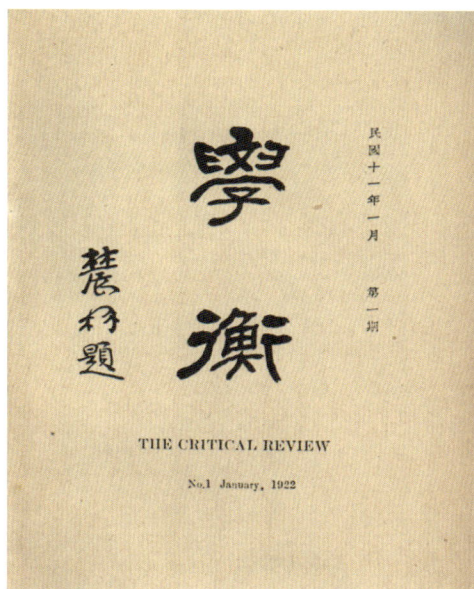

不发扬民族精神，无以救亡图存；非振兴科学，不足以立国兴国。

——郭秉文

三、俊彦广聚　开宗立派

　　国立东南大学最为成功之处是在国内外延揽了一大批一流的学者教授，他们在此精研学术、开宗立派，使东大成为中国的学术重镇。北京大学梁和钧教授有言："东大所延教授，皆一时英秀，故校誉鹊起。……北大以文史哲著称，东大以科学名世，然东大文史哲教授实不亚于北大。"

地学系主任竺可桢

工科主任茅以升

数学系主任熊庆来

生物系主任秉志

物理系主任胡刚复

物理学家叶企孙

西洋文学家吴宓　　　　　英文系主任梅光迪　　　　　哲学家汤用彤

国立东南大学共培养了 1408 名毕业生，涌现了物理学家严济慈、语言学家吕叔湘、生物化学家郑集等一大批杰出人才。

物理学家严济慈　　　　　语言学家吕叔湘　　　　　生物化学家郑集

国立东南大学首届学生入学考试（1921 年）

国立东南大学第一届全体学生摄影（1922 年）

金工实习

木工实习

动物学实验

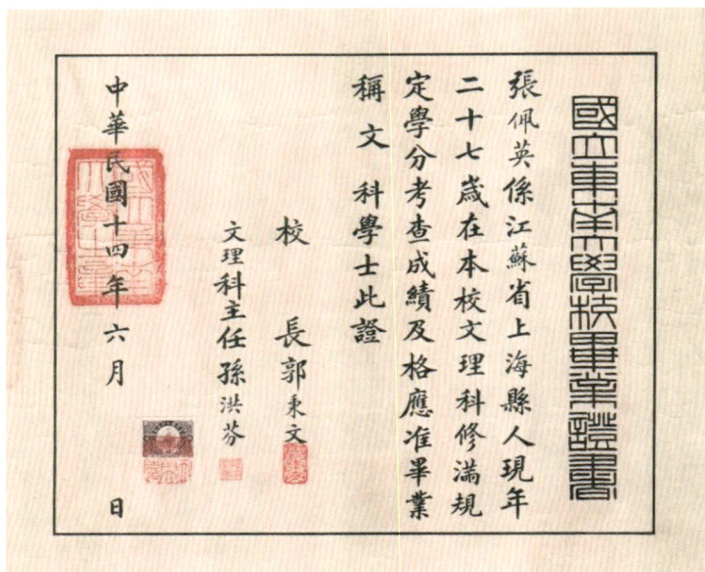

张佩英国立东南大学毕业证书

男生徒手操

四、交流学术　享誉中外

为融合中西，学习西方先进文化，推动中国教育事业的发展，国立东南大学面向世界，积极开展学术交流，聘请国际著名学者来校讲学，延聘外教及留学生任教，派遣教师出国进修，成为当时中国最活跃的东西文化交流中心之一。德国哲学家杜里舒、韦理等多位国际著名学者先后受邀来校讲学，美国哥伦比亚大学师范学院院长孟禄更是多次到访并盛赞国立东南大学是"中国最有希望之大学"。1924年4月20日，诺贝尔文学奖获得者、印度诗人泰戈尔在徐志摩等陪同下来校讲演，轰动一时，体育馆座无虚席，几无立锥之地。

郭秉文（左二）与孟禄（右二）合影

拉宾德拉纳特·泰戈尔
（1861—1941）

今天上午八九点钟的时候，这位六十四岁的老诗翁与他同行的人们已坐了两辆机器所制造的汽车光临东大了……一直达到了一个充满了花香鸟语的"梅庵"才下车，他与三四位印度人以及东大几位招待的教职员们在"梅庵"同吃午饭。一时门前窗外拥肩挤足，伺隙张望的男女学生不知道多少。

……老诗人走进体育馆楼上的时候，人山人海，坐位站地，均无空隙，甚至有些校外农夫工夫也来观看闹热。其实参与演讲的座下客中多半都不懂得英文，亦不过一瞻风采以为快而已。正当老诗人讲得痛快淋漓的时候，忽然砰碰一声，楼上横板因载人过重，几乎圮塌……

——董凤鸣:《泰戈尔之在南京》,《晨报副刊》,1924 年 4 月 26 日

留学法国的国立东南大学校友在巴黎合影
（左起：吴骐、章昭煌、邰爽秋、凌纯声、严济慈、刘恺钟、胡焕庸、张宗蠡）

五、兴建馆舍　规模宏敞

国立东南大学时期，郭秉文校长秉承"公办民助"的思想，采取公家拨款、独资捐助、校董会集资、外国基金会捐资等多渠道筹资的办法，四处奔走，八方筹资，营建了一批在国内堪称一流的馆舍建筑。

图书馆

　　1923 年建成，因资金多由江苏督军齐燮元捐赠，故以齐父之名命名为"孟芳图书馆"。门额
"图书馆"三字为教育家张謇所题。1933 年，由杨廷宝设计，扩建了两翼及书库。建筑地上二层，
地下一层，南入口设三角形山花门廊。

体育馆

　　1923 年建成，建筑面积 2317 m^2，堪称当时国内高校之最。体育馆高三层，入口处门廊有一
组双面上下的西式开敞扶梯，一楼设有乒乓球室等，二楼为木质楼板大空间，可进行羽毛球等多
项活动，三楼为室内环形跑道，兼做看台。体育馆建成后不仅为体育健身之所，诸多重要活动也
在此举行。

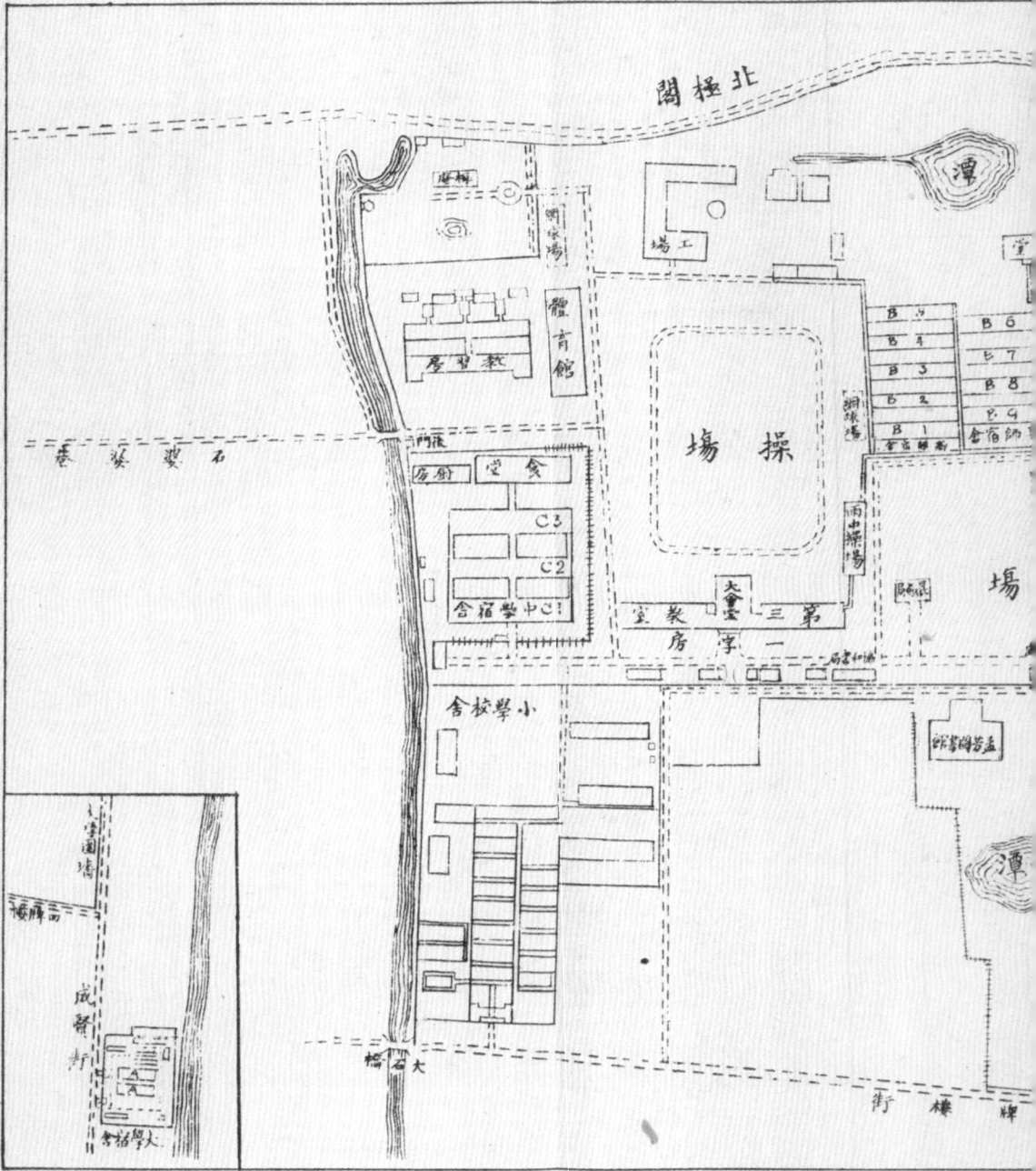

国立东南大学全图

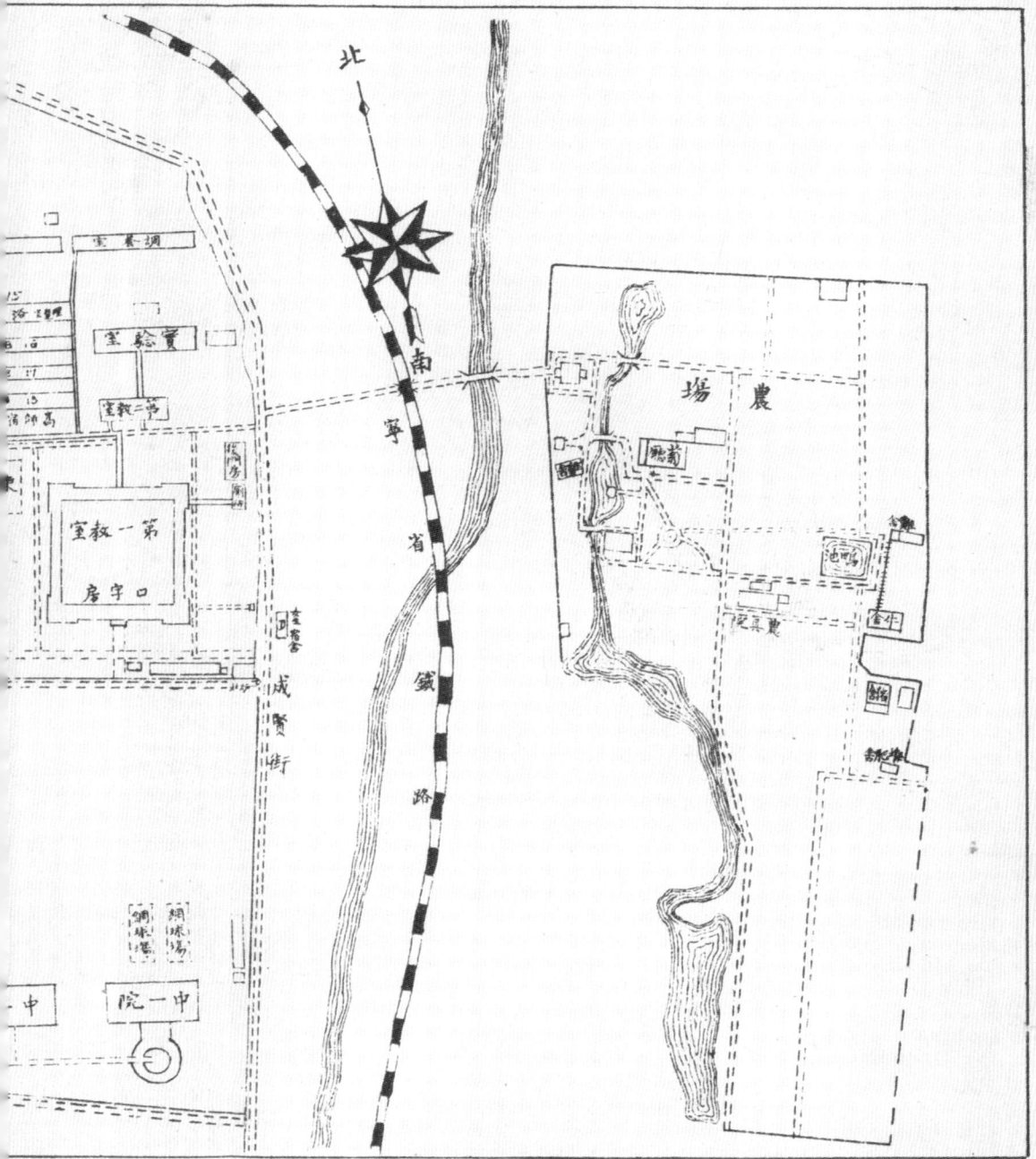

北

南寧省鐵路

農場

成賢街

第二教室
實驗室
洞養室

高師範
實驗

第一教室
口字房

中院一中

網球場
調峰室

農具室

科学馆

1923年，国立东南大学主楼口字房遭火焚毁。郭秉文校长忍痛勉励师生，"火能毁之，我能建之。乌云过去，必大放光明，赖吾人自立奋斗"。后经多方筹资，并得美国洛克菲勒基金资助，在口字房原址建造科学馆，于1927年落成。建筑地上三层，地下一层，南边入口处有爱奥尼柱式门廊，拱形门三个，一楼北部中央设有圆形大阶梯教室"致知堂"。1957年曾改名为"江南院"，1992年更名为"健雄院"。

六、信仰坚定　浩气长存

20世纪20年代的南京高等师范学校、国立东南大学是南京乃至江苏地区的马克思主义传播中心和革命摇篮，一批为理想信念而英勇斗争的年轻学子，如成律、吴光田、文化震、钟天樾、宛希俨、谢远定等，为革命事业献出了自己年轻的生命。生而为英，死而为烈！热血染山河，浩气弥千古！

　　我所用之衣服，赠慰寒士；父母百年之后，家产交公，每年送两人到东大或湖大习农，男女各一；我的尸体不要安葬，敬赠苏州博习医院解剖，以利医学事业……

——成律《遗书》

成律（1901—1927）

吴光田（1907—1927）

文化震（1902—1927）

钟天樾（1905—1927）

宛希俨（1903—1928）

谢远定（1899—1928）

学校师生为纪念成律、吴光田两位烈士，在六朝松下为他们建立了纪念碑

第四章

国立第四中山大学—国立中央大学

（1927—1949）

　　1927 年，国民政府改变教育管理体制，实行大学区制，将国立东南大学与南京及江苏省其他市的多所公立学校合并，组建为国立第四中山大学，1928 年 2 月改称江苏大学，旋于 5 月定名为国立中央大学（简称"中大"）。在国立东南大学、国立第四中山大学的基础上，中大几经调整充实，并经抗战磨砺，不断发展壮大而臻于鼎盛，成为国内规模最大的综合性大学。其学科之完备、师资之雄厚、培养学生之众、拔尖人才之多、研究实力之强，均居国内高校前列，是当之无愧的第一学府，为中国高等教育和社会发展作出了重要贡献。

国立中央大学校门

誠 樸 雄 偉

国立中央大学学风

国立中央大学校标

 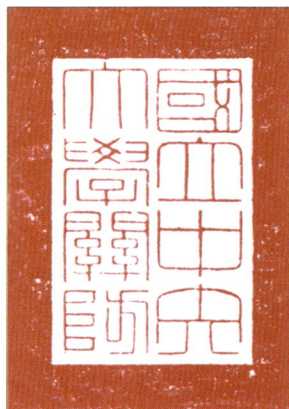

第四中山大学校之印 国立中央大学关防

校歌

（汪东词，程懋筠曲）

维襟江而枕海兮，金陵宅其中。

陟升皇以临睨兮，此实为天府之雄。

焕哉郁郁兮，文所钟。

宏我黉舍兮，甲于南东。

干戈永戢，弦诵斯崇。

百年树人，郁郁葱葱。

广博易良兮，吴之风，

以此为教兮，四方来同。

历任校长（1927—1949）

任期	职务	姓名
1927—1930 年	国立第四中山大学、江苏大学、国立中央大学校长	张乃燕
1930—1931 年	国立中央大学校长	朱家骅
1932—1941 年	国立中央大学校长	罗家伦
1941—1943 年	国立中央大学校长	顾孟馀
1943—1944 年	国立中央大学校长	蒋介石
1944—1945 年	国立中央大学校长	顾毓琇
1945—1948 年	国立中央大学校长	吴有训
1948—1949 年	国立中央大学校长	周鸿经

一、合并重组　屡经更迭（1927—1928）

　　1927 年 6 月，教育部以国立东南大学为基础，合并河海工科大学、江苏法政大学、江苏医科大学、江苏公立南京工业专门学校、江苏省第一农业专门学校、上海商业专门学校、江苏公立苏州工业专门学校和上海商科大学等 8 校，组建了国立第四中山大学。合并后，学校形成 9 院 36 系之规模，师资、图书、仪器设备都得到了很大的充实，为之后建立系科完备的国立中央大学奠定了基础。

国立第四中山大学院系设置（1927 年）

哲学院	文学院	社会科学院	自然科学院	工学院	商学院	农学院	医学院	教育学院
哲学系	中国文学系	史地学系	算学系	机械工程科	银行科	植物农艺科	医学基本学系	教育学系
		社会学系	物理系	电机工程科	会计科			
	外国文学系	经济学系	化学系	土木工程科		动物农艺科	临床系	师资科
		政治学系	地学系	建筑科	工商管理科			
			生物学系	矿冶工程科		农产制造科	附设护病专科	附设教育专科
	语言学系	法律学系	人类学系	化学工程科	国际贸易科			
			心理学系	染织科				

　　1928年2月，中华民国中央政府大学院训令将"国立第四中山大学"校名改为"江苏大学"，遭到大部分师生的集体反对，进而引发"易名风潮"。1928年5月16日，国民政府行政院根据大学委员会提议作出"江苏大学改称国立中央大学"的决议。

国立第四中山大学学业证明书

江苏大学学生姓名录

二、安定充实　蓬勃发展（1928—1937）

（一）整顿治校　规划建设

国立中央大学成立初期，对院系进行了调整，将原有的 9 个学院调整为文、理、工、农、商、法、医、教育 8 个学院。1930 年 9 月，大学区制停止实行后，学校调整行政机构，不再设副校长，并对系科设置又进行了部分调整。

国立中央大学组织系统（1928 年）

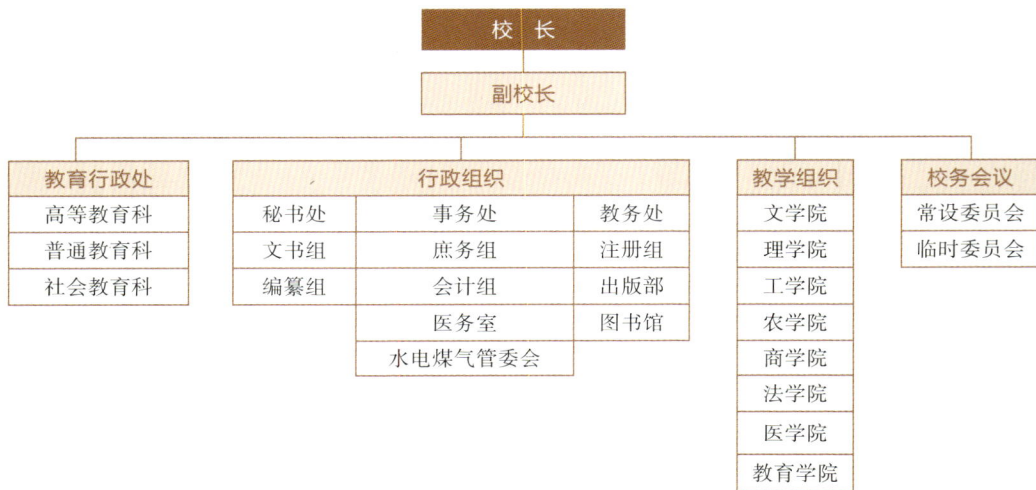

校　长
副校长

教育行政处	行政组织			教学组织	校务会议
高等教育科	秘书处	事务处	教务处	文学院	常设委员会
普通教育科	文书组	庶务组	注册组	理学院	临时委员会
社会教育科	编纂组	会计组	出版部	工学院	
		医务室	图书馆	农学院	
	水电煤气管委会			商学院	
				法学院	
				医学院	
				教育学院	

国立中央大学院系设置（1930 年）

文学院	理学院	工学院	农学院	商学院	法学院	医学院		教育学院
中国文学系	数学系	建筑系	农艺科	银行科	政治系	基本系	临床系	教育心理系
史学系	物理系	机械工程系	农政科	会计科	经济系	解剖学科	内科	教育行政系
哲学系	化学系	电机工程系	桑蚕科	工商管理科	法律系	病理学科	外科	社会教育系
外国语文系	地质系	土木工程系	病虫害科	国际贸易科		生理学科	妇科	艺术教育科
社会学系	动物学系	化学工程系	农艺垦殖科			药理学科	产科	体育科
地理系	植物学系		农业化学科			细菌学科	眼科	
	心理学系		畜牧兽医科			卫生学科	X 光科	
						生物化学科	耳鼻喉科	
						寄生虫学科	精神病科	
							皮肤花柳病科	
							生殖器及尿道科	

罗家伦校长

罗家伦（1897—1969），字志希，笔名毅，浙江绍兴人。中国近代著名的教育家、思想家和社会活动家。1917年考入北京大学，是"五四运动"的学生领袖和命名者。1926年自欧美回国后先后任教于国立东南大学、武汉大学，曾任清华大学校长等职。1932年，就任国立中央大学校长后，提出了"安定、充实、发展"的治校方针，倡导"诚、朴、雄、伟"的学风，以承担起建立"有机体的民族文化"的大学使命。他广揽名师，扩充学科，兴建校舍，全面抗战爆发后，力排众议，果断西迁。在他的领导下，国立中央大学日益发展壮大，成为名副其实的第一学府。1941年，罗家伦辞去中大校长一职，担任国民党中央党史编纂委员会副主任委员等职。

现在，中国的国难严重到如此，中华民族已临到生死关头，我们设在首都的国立大学，当然对于民族和国家，应尽到特殊的责任 ……这种使命，我觉得就是为中国建立有机体的民族文化。我认为个人的去留的期间虽有长短，但是这种使命应当是中央大学永久的负担。

——罗家伦：《中央大学之使命》（1932 年 10 月 11 日）

国立中央大学成立初期，几任校长积极谋划校园建设，建设了大礼堂、生物馆、工学院教室等馆舍，并筹建石子岗校区，学校规模日盛。

大礼堂于 1930 年由国立中央大学首任校长张乃燕筹款兴建，英国公和洋行设计，后继任校长朱家骅申请政府拨款，建筑系教授卢毓骏主持续建，于 1931 年竣工。1931 年 5 月 5 日至 17 日，国民政府第一次国民会议在大礼堂召开。1965 年，杨廷宝先生设计扩建了东西两翼。大礼堂采用西方古典建筑风格，坐北朝南，为正八边形，正立面为爱奥尼柱式与三角顶山花构图，屋顶为绿色铜皮大穹隆顶，高约 31.2 米，雄伟庄严，别具一格，是学校的标志性建筑，是校友心中母校的象征

生物馆（1929 年落成）

工学院教室（1929 年落成）

梅庵（1933 年改建）

女生宿舍

1 化工系研究室	12 水力實驗室	23 工藝實習場
2 化學系研究室	13 大禮堂	24 南高院(教育學院)
3 牙醫專科學校	14 新教室(工學院)	25 體育館
4 女生宿舍	15 生物館	26 實驗學校雪耻樓
5 物理工廠	16 東南院(法學院)	27 醫學院
6 學生館	17 中山院(文學院)	28 實驗學校中一院
7 科學館(理學院)	18 圖書館	29 實驗學校民族樓
8 學生食堂	19 本校大門	30 實驗學校杜威樓
9 水電廠	20 女生健身房	31 實驗學校望鐘樓
10 學生宿舍第一分舍	21 鍛工場	32 教智房
11 電信實驗室	22 大操場	33 音樂教室

国立中央大学全图

　　1934 年，为拓展办学空间，罗家伦提出另辟新址，建设"万人大学"。1935 年 11 月 2 日，内政部颁发文告，征收石子岗 2700 余亩土地，以供国立中央大学建设新校址之用。1937 年 5 月，工学院、农学院等部分建筑开始动工。1937 年 7 月 7 日，卢沟桥炮声响起，工程被迫停工，"玫瑰色的大学之梦"破灭。

国立中央大学新校址规划设计图

（二）英才辈出　不负使命

中央大学的学校规模、系科设置、图仪设备、办学经费在全国各大学中均居前列，教学实习、科研考察、文体活动丰富，培养了一大批杰出英才。

建筑工程科学生绘制西洋画

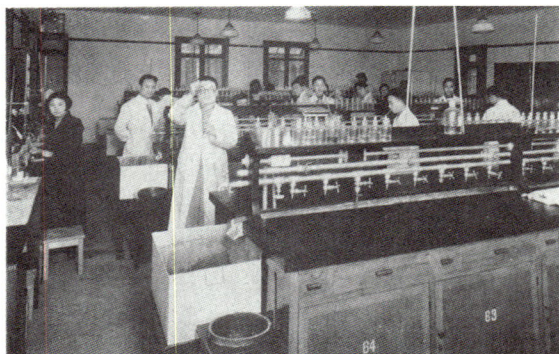

生物系学生正在进行生理化学实验

商学院学生在中大实习银行实习

地质学系标本陈列室

球类锦标队

中大第 8 届春季运动会入场式

国立中央大学 1934 届毕业生

吴健雄（物理学系）　　　任美锷（地理系）　　　李旭旦（地理系）　　　蔡旭（农艺系）

教育学院艺术专修科全体摄影（1929 年）

"四·一二"反革命政变后，南京笼罩在白色恐怖之中，学校党组织几遭破坏，又屡次得到恢复和发展。齐国庆、王崇典、黄祥宾、李林泮、陈朝海、顾衡等英烈坚定信念，前赴后继，英勇斗争，献身革命。

齐国庆（1903—1928）　　王崇典（1903—1928）　　黄祥宾（1905—1930）

李林泮（1909—1930）　　陈朝海（1908—1932）　　顾衡（1909—1934）

"济南惨案"发生后，中大教师成立了"国立中央大学教职员反日救国委员会"，谴责日军暴行。"九·一八"事变后，南京各校联合成立"首都各校抗日救国会"，中大学生、共产党员汪楚宝被推举为负责人。救国会组织学生游行，召开"送蒋北上"大会，宣传抗日救国。1932年2月，中大两度组建后援队，派学生赴沪支援十九路军抗战。1936年8月1日，南京各校进步学生成立"南京秘密学联"，中大学生后文瀚、冯秀藻等为执委会委员。学联在党组织的领导下有序组织学界的爱国救亡运动，

出版《南京学生》，宣传党的抗日民族统一战线方针。中大成为全国抗日救亡运动的中心，促进了全民族抗战局面的形成。

中大反日救国会编辑出版反日救国刊物《国难》

"九·一八"后，各地学生汇聚中大请愿抗日

三、西迁入川　再续弦歌（1937—1946）

（一）运筹西迁　保存文脉

1937 年，抗日战争全面爆发，南京形势危急，学校屡遭轰炸。为保存文脉，罗家伦校长力排众议，果断提出迁校之议，校务会议决议将中大本部迁往重庆、医学院迁往成都。10 月，在各系主任的组织带领下，1900 余箱图书仪器、4000 余名师生及员工家属先后运抵重庆、成都。11 月初，学校正式开学复课。在内迁的诸多高校中，中大迁校"筹划最周密，速度最快，保存最完整"。

日机轰炸后的大礼堂内景

轰炸后千疮百孔的科学馆

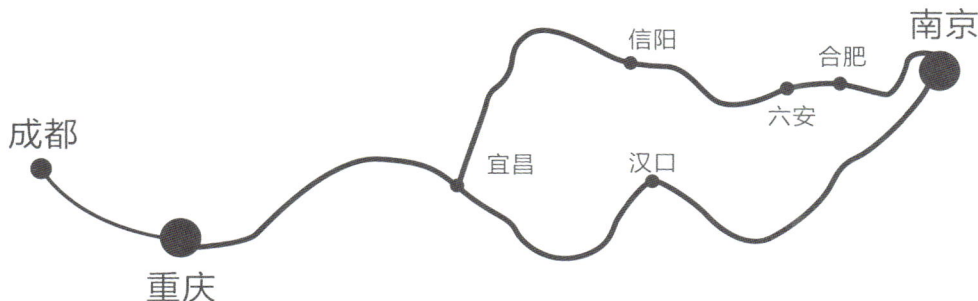

西迁路线图

运送中大西迁人员物资
的民生轮船

　　抗战开始以后，有两个大学都弄得精光：南开大学被日本
飞机炸得精光；中央大学却搬得精光，连畜牧场的牛羊都从南
京赶到了重庆。

——张伯苓

　　1937 年 11 月中旬，中大畜牧场负责人王酉亭先生不忍学校珍贵的
实验动物成为日寇的盘中餐，进言罗家伦校长愿用学校发放的安置费将
它们全部从南京迁到重庆。12 月 9 日，王酉亭先生和畜牧场职工雇了四
条大木船载着这些动物于枪炮声中连夜过江，在浦口上岸后，沿大别山
北麓公路西行，过平汉路，继而沿桐柏山南麓，艰难跋涉三千里，于翌
年 10 月抵达宜昌，11 月转船运抵达重庆沙坪坝。

王酉亭

　　这些良种家畜是学校师生多年耗尽心血
培育出来的，是中大今后教学与科研中不可
少的试验动物，也是国家未来科学发展的物
质基础。我们愿用学校发放的安置费将这批
动物全部从南京迁到重庆，绝不流失丢弃，
更不留下成为日寇的盘中餐。

——王酉亭

动物西迁路线图

西迁入川的农学院牧场乳牛

王西亭先生一行及动物大军抵达重庆时，恰巧碰到由沙坪坝入城的中大校长罗家伦。罗家伦校长被他们不屈不挠的抗战意志和精神所感动，将他们的事迹记录了下来，勉励中大师生共克时艰，勇毅奋进。

在第二年（1938年）深秋，我由沙坪坝进城，已经黄昏了。司机告诉我说，前面来了一群牛，像是中央大学的，因为他认识赶牛的人。我急忙叫他停车，一看果然是的。这些牲口经长途跋涉，已经是风尘仆仆了。赶牛的王西亭先生和三个技工，更是须发蓬松，好像苏武塞外归来一般。我的感情振动得不可言状，看见了这些南京赶来的牛羊，真是像久别的故人一样，我几乎要向前去和它们拥抱。当我和这些南京"故人"异地重逢时，心中一面喜悦，一面引起了国难家仇的无限感慨，不禁热泪夺眶而出了。

——罗家伦：《抗战时期中央大学的迁校》

（二）扩充壮大　名师云集

中大入川后，校分四处：重庆沙坪坝本部，重庆柏溪分校，成都华西坝医学院、农学院畜牧兽医系和附属牙医专科学校，贵阳的实验学校。

重庆沙坪坝本部校舍

沙坪坝校区大礼堂

重庆柏溪分校

成都华西坝校址

抗战期间，中大不断新增扩充学科，至抗战胜利时，已拥有7个学院31个系科，1个研究院下设7个研究所23个学部，设有1所专科学校。

新增　扩充　壮大

- 1937年，成立水利工程系。
- 1938年，在机械特别班的基础上成立国内第一个航空工程系。
- 1939年，扩充医学院，增设6年制牙科，1942、1943年增设护士师资专修科、法医科、司法检验员训练班等。
- 1941年，恢复社会学系，隶属法学院。
- 1942年，农学院农艺系农业经济组扩建为农业经济系。
- 1943年，理学院地理系气象组独立建制，成为我国第一个气象系。
- 1944年，首次在高校设立边政系，隶属法学院。
- 1945年，成立俄文专修科，隶属文学院。

国立中央大学航空工程系二九级同学纪念

　　战时的中大汇聚了各学科的著名教授，可谓名师云集。当时教育部曾先后审定 44 名部聘教授，其中有 12 位教授任教于中大，约占总数的四分之一。至 1945 年，中大教职员工总数超过 600 人，其中，教授、副教授 290 人，讲师 76 人，助教 224 人，师资力量位居全国高校前列。

经济学家马寅初　　　　哲学家宗白华　　　　化学家庄长恭　　　　农学家蔡旭

艺术家张大千　　　　化学家曾昭抡　　　　天文学家张钰哲　　　　医学家戚寿南

建筑学家鲍鼎　　　　生物学家童第周　　　　物理学家施士元　　　　航空专家罗荣安

部聘教授

林学家梁希

社会学家孙本文

教育学家艾伟

地理学家胡焕庸

医学家蔡翘

文学家楼光来

文学家胡小石

历史学家柳诒徵

化学家高济宇

艺术家徐悲鸿

法学家戴修瓒

教育学家常道直

中大教授在抗战期间出版的专著

（三）砥砺文心　同振国魂

　　国立中央大学以教育救国为使命，在抗战期间，仍十分重视教学与科研，于1938年成立了中央大学研究院，并在全国高校中首设航空工程系、气象系、边政系，增开了弹道学、毒气化学等课程，开展战时教育和军需民用的科研与生产活动，开办了航空、电信、炮术、战地卫生等训练班，培养战时所需人才。中大教师虽历经磨难，仍以战时所需和社会服务为出发点，克服种种困难，锲而不舍地坚持教学与科研：出版教材、专著，发行学术刊物，进行科学考察和发明创造活动，指导生产实践，取得了许多重要的科研成果。在1943年国防科学技术策进会悬奖的10项专门研究中，中大物理系王恒守和陈廷蕤发明的"直接镀镍于钢铁之方法"、化学系方振声发明的"汽油精"、化学系梁守渠创制的"耐酒精涂料"三项成果获科学发明奖。此外，中大还在战时的社会生产和边疆的开发建设中发挥了重要的作用。

1941年9月21日，中大教授张钰哲等在甘肃临洮观测日全食，取得天文史上极为宝贵的资料

　　尽管生活条件十分艰苦，但中大学生仍达然乐观，潜心读书，一心汲取知识，修习技能，以期报效祖国。抗战期间就读于中大的学生中，有 62 位后来当选为中国科学院和中国工程院院士。

中大学生在重庆学习生活的图景

中大沙坪坝学生宿舍内景

中大学生常以"顶天立地"和"空前绝后"来戏言抗战时的生活，"顶天"即指下雨无伞、光头淋雨；"立地"是鞋袜洞穿、赤脚着地；"空前绝后"则为裤子前膝或后臀破洞。吃着混杂泥沙、石子、稗子、稻壳的"八宝饭"。中大的学生总结出了"三多""四抢"："三多"即指臭虫多、蚊子多、打摆子多，由于长期营养不良，医疗卫生条件差，中大的师生罹患疟疾病、肺结核、肝炎、肠炎的比例极高；"四抢"即抢图书馆座位、上课前排座位、饭桶和洗澡房。

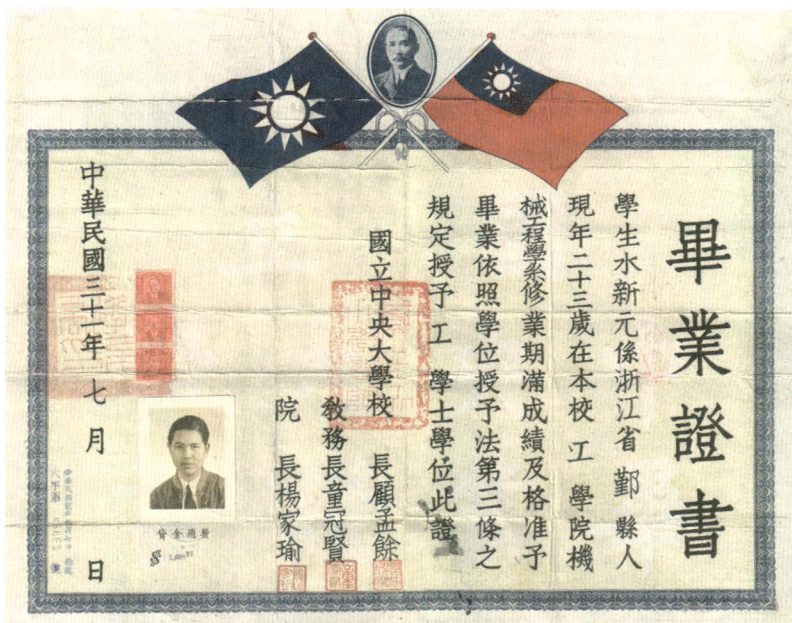

水新元国立中央大学毕业证书

中大师生关心时事、救亡心切，积极投身抗战：艺术系教授徐悲鸿、张书旂、傅抱石多次举办筹赈画展；中大学生纷纷参军抗日、应征译员、救助伤员；在中共南方局的指导下，中大的进步学生以"据点"为基地，建立了"中大文学会""中苏问题研究会"等一批进步组织，创办《大学新闻》等进步报刊，成立"柏溪剧社"，联合各校发起成立"歌咏团"，抗日宣传工作开展得有声有色。

中大学生应征译员

中大女学生参加中国战地女青年工作大队

　　在中大"中苏问题研究会"的邀请下，周恩来曾两次赴中大演讲：1938 年 12 月，周恩来在中大食堂给同学们作了题为"第二期抗战形势"的演讲；1946 年 2 月，周恩来又再次来到中大，为学校师生主讲了《政治协商会议何以成功及今后发展》。

　　中大的校友中涌现了许多杰出共产党员，他们在抗战中争做先锋：赵宗麟在中条山战役中血洒疆场，以身殉国；关露受组织派遣打入汪伪政权，收集机密情报，积极组织策反，是优秀的"红色间谍"；白深富组织群力社、新璧社等党的外围组织，后被俘遇难于重庆渣滓洞。

赵宗麟（1910—1939）　　　　关露（1907—1982）　　　　白深富（1917—1949）

四、复员南京 巍巍学府（1946—1949）

（一）重整旗鼓 扩充规模

1946 年 5 月至 7 月，中大 12 000 余名师生家属及物资设备先后分八批搭乘江轮返宁，11 月在南京复校开课。复员南京后，中大在四牌楼本部外，扩建了丁家桥二部，规模迅速扩大。据 1947 年 1 月的统计，全校有教职员工 1266 人，本科生、研究生和先修生共有 4719 人。1948 年《读书通讯》刊载的《国立大学现有院系一览》显示，中大设有文、理、工、农、法、医、师范 7 院 36 系。其院系之多、学科之全、学生之众，在全国高校中位于首位，为当之无愧的第一学府。

国立中央大学历届毕业生统计表

年份	届次	毕业人数	年份	届次	毕业人数
1928	第 1 届	116	1939	第 12 届	220
1929	第 2 届	300	1940	第 13 届	239
1930	第 3 届	549	1941	第 14 届	399
1931	第 4 届	390	1942	第 15 届	415
1932	第 5 届	341	1943	第 16 届	512
1933	第 6 届	402	1944	第 17 届	680
1934	第 7 届	470	1945	第 18 届	621
1935	第 8 届	454	1946	第 19 届	690
1936	第 9 届	58	1947	第 20 届	763
1937	第 10 届	147	1948	第 21 届	1060
1938	第 11 届	141			
总计					8967

国立大学现有院系一览（1948 年）

大学名称	院系数	学院名称	备注
中央大学	7 院 36 系	文、理、工、农、法、医、师范	不包括专修科
北京大学	6 院 26 系	文、理、工、农、法、医	
清华大学	5 院 23 系	文、理、工、农、法	
南开大学	3 院 13 系	文、理、商	
复旦大学	5 院 19 系	文、理、法、商、农	医学院在筹备中
交通大学	3 院 12 系	理、工、管理	
同济大学	4 院 12 系	文理、工、法、医	
浙江大学	7 院 28 系	文、理、工、农、法、医、师范	
暨南大学	4 院 16 系	文、理、法、商	
中山大学	7 院 27 系	文、理、工、农、法、医、师范	医学院在筹备中
武汉大学	6 院 16 系	文、理、工、农、法、医	医学院在筹备中
四川大学	5 院 22 系	文、理工、农、法、师范	
重庆大学	5 院 17 系	文理、工、法、医、商	
西北大学	4 院 14 系	文、理、法、医	
东北大学	5 院 33 系	文、理、工、法、农	
河南大学	6 院 14 系	文、理、工、农、法、医	
湖南大学	4 院 18 系	文、理、工、法	
云南大学	5 院 17 系	文法、理、工、医	
广西大学	3 院 14 系	理工、法商、农	
中正大学	5 院 20 系	文、理、工、法、医	
长春大学	6 院 20 系	文、理、工、农、法	
贵州大学	4 院 14 系	文理、工、农、法商	
山东大学	5 院 14 系	文、理、工、农、医	
山西大学	4 院 7 系	文、工、法、医	
兰州大学	4 院 9 系	文、法、医、兽医	
英士大学	4 院 16 系	文理、工、农、法	
安徽大学	4 院 14 系	文、理、法、农	农学院在筹备中

（二）赤子忧心　爱国护校

抗战胜利后，中大的民主运动在党的领导下蓬勃开展。1945 年，中大成立了中央大学新民主主义青年社（简称"新青社"）。新青社积极组织成立了"工社""力社"等进步社团，壮大民主力量。1947 年 6 月，中大重建了党支部。学生自治会在党组织领导下主办《中大新闻》等进步报刊，宣传和平民主精神。中大的师生发扬爱国民主的革命传统，开展了轰轰烈烈的爱国民主运动，被誉为"民主堡垒"。

"一·二五"大游行

为反对英、法两国侵犯中国主权，1946 年 1 月 25 日，中大联合沙磁区各校师生徒步至国民政府所在地游行示威。正在参加中国政治协商会议的各党派代表周恩来、张君劢、邵力子等出来会见游行师生。周恩来为学生的爱国精神所感动，为中大的学生写下："一代胜似一代，青年是未来的主人。"

1946 年 1 月 25 日，周恩来会见游行的学生

抗议美军暴行

1946 年底，北平发生"沈崇事件"，激起民众公愤。1947 年 1 月 3 日，中大的学生上街游行，抗议美军暴行，要求严惩凶手，公开向中国人民道歉。

高举"抗议美军暴行大会"标语的学生

"五·二〇"运动

1946 年，国民党发动全面内战，物价暴涨，民不聊生。1947 年 5 月 20 日，中大等十六校师生在南京发动了"反饥饿、反内战、反迫害"的"五·二〇"运动，这场爱国民主运动迅速扩展至全国 60 多个大中城市，被毛泽东誉为"反对国民党统治的第二条战线"。

学生游行队伍从中大校门鱼贯而出

学生游行队伍在珠江路口

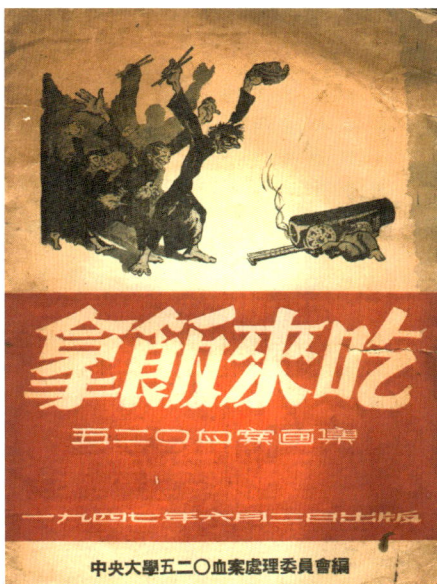

学生创作的反内战宣传品

反战漫画《向炮口要饭吃》

"五·二〇"游行路线图

蒋介石政府已處在全民的包圍中。

（一九四七年五月三十日）

和全民爲敵的蔣介石政府現在已經發現它自己處在全民的包圍中，無論是在軍事戰線上，或者是在政治戰線上，蔣介石政府都打了敗仗，都已被它所宣佈爲敵人的力量所包圍並且想不出逃脫的方法。

蔣介石賣國集團及其主人美國帝國主義者錯誤地估計了形勢，他們曾經過高地估計了自己的力量，過低地估計了人民的力量，他們把第二次世界大戰以後的中國和世界，看成和過去一樣，不許改變任何事物的樣式，不許任何人違背他們的意志，在日本投降以後他們決定要使中國回復到過去的舊秩序。

經過政治協商和軍事調處等項欺騙辦法贏得時間之後，蔣介石賣國政府就調動了二百萬軍隊實行了全面的進攻。中國境內已經有了兩條戰線，蔣介石進犯軍和人民解放軍的戰爭，這是第一條戰線。現在又出現了第二條戰線，這就是偉大的正義的學生運動和蔣介石反動政府之間的尖銳鬥爭[二]。

學生運動的口號是要飯吃，要和平，要自由，亦即反飢餓，反內戰，反迫害。蔣介石頒佈了「維持社會秩序臨時辦法」[三]。蔣介石的軍警憲特同學生羣衆之間到處發生衝突，蔣介石用逮捕，監禁，毆打，屠殺等項暴力行爲對付赤手空拳的學生，而日益擴大一切社會同情都在學生方面，蔣介石及其走狗完

毛澤東選集 第四卷　第三次國內革命戰爭時期
蔣介石反動政府處在全民的包圍中
一八五　一八六

* 這是毛澤東同志爲新華社寫的一篇評論。

1947 年 5 月 30 日，毛泽东在为新华社所写的评论中盛赞 "伟大的正义的学生运动和蒋介石反动政府之间的尖锐斗争" 是 "第二条战线"

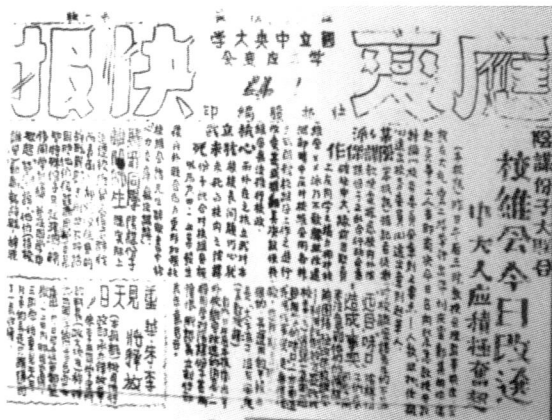

《应变快报》

1949 年初，国民政府行政院下达 "国立院校应变计划"，要求各校应变迁校，遭到中大的师生反对。1 月 31 日，中大教授会选举成立 "中央大学校务维持会"，梁希、郑集、胡小石任常务委员，主持校政。全校师生在校务维持会的领导下，营救被捕同学，追索应变经费，开展护校运动，迎接崭新的历史时期。

　　1949 年 4 月 1 日，中央大学和南京市大专院校的学生、工人为争取生存、反对假和平，赴总统府游行请愿，遭到残酷镇压。中大 47 名学生受重伤，程履绎、成贻宾因伤势过重不幸牺牲。为了支持学生们为民主爱国所作的斗争，梁希教授慷慨悲歌："以身殉道一身轻，与子同仇倍有情。起看星河含曙意，愿将鲜血荐黎明。"

程履绎（1921—1949）
1943 年考入中大物理系

成贻宾（1927—1949）
1947 年考入中大电机系

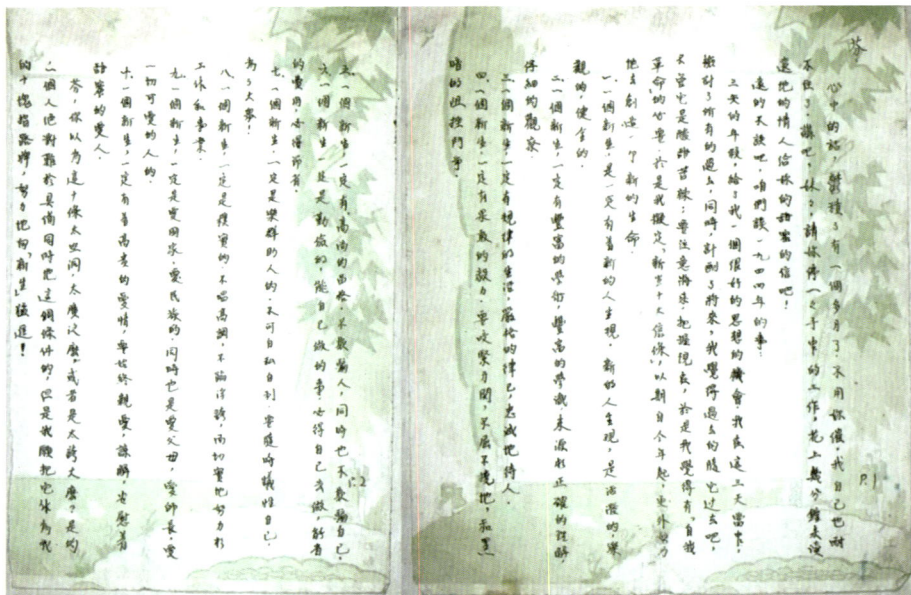

成贻宾所作的《新生十大信条》

第五章

国立南京大学——
南京大学

（1949—1952）

　　1949 年至 1952 年间，我国处于新旧社会的交替时期，教育革旧布新，学校历史也翻开了新的一页：一方面，旧教育得到初步改造，学校逐步确立了新的教育制度，后经院系调整，开枝散叶；另一方面，师生积极投身民主革命与民主改革运动，与国偕行。

国立南京大学校门

一、革旧布新　与国偕行

　　1949 年 5 月 7 日，中国人民解放军南京市军事管制委员会（简称"军管会"）派员接管国立中央大学。同年 8 月 8 日，国立中央大学更名为国立南京大学。8 月 10 日，南京市军管会文教委员会发出组建国立南京大学校务委员会的决定，任命梁希为校务委员会主席。1950 年 10 月 10 日起，校名去"国立"二字而迳称为"南京大学"。1951 年 7 月，南京大学改行校长制，潘菽被任命为校长。

梁希
国立南京大学校务委员会主席
（1949.8—1949.11）

潘菽
国立南京大学校务委员会主席（1949.11—1951.7）
南京大学校长（1951.7—1957.5）

　　自 1949 年 9 月开始，学校的系科及学术机构进行了局部调整，如：1949 年 10 月，上海国立师专等 300 余人并入南京大学师范学院；1951 年 2 月，医学院划归中国人民解放军南京军区领导，独立建校，定名为第五军医大学，后迁至西安与西北卫生学校合并组建第四军医大学。

　　学校一方面逐步建立新的教育制度，一方面对旧教育进行了初步改造，取缔了训导制，改革招生制度，精简改革课程，开展知识分子的思想改造运动。

　　1949 年 4 月 23 日南京解放，为配合第二野战军解放西南，南京市军管会筹组西南服务团。中大师生踊跃报名，率先成立西南服务队。至 7 月 14 日，共有 372 人加入人民解放军西南服务团。西南服务团参与了当地的政权接管、征粮剿匪、土地改革等工作，为解放与建设西南作出了重大贡献。在此期间，董俊松、苏有能、王为尧、丁文、陈锡瑶、邓醒狮六位志士献出了宝贵的生命。

教育系学生欢送参加西南服务团的学生

　　一个革命者是不是忠于党，忠于人民，就看他是不是老实，是不是实事求是。

　　知识青年刚参加革命时，往往背着各式各样的包袱。对我们革命者来说，重要的是老实、要放下包袱，精神上获得解放了，自觉性增强了，深入实际，深入群众。

　　——1949 年 9 月 21 日，邓小平在四牌楼校区大操场为西南服务团作报告

董俊松（1925—1950）　　苏有能（1926—1950）　　王为尧（1927—1950）

　　1950年10月，中国人民志愿军赴朝作战，学校积极开展"抗美援朝，保家卫国"运动。12月9日，我校学生参加了南京3万余人的抗美援朝爱国大游行。1951年初，全校出现了参军参干热潮，积极报名参加军事干校和援朝医疗团的师生达1130人，占在校人数的38%。

师生踊跃参军参干

二、院系调整　开枝散叶

1952 年，根据教育部全国高等学校院系调整计划，在原南京大学的基础上，学校拆分，分别组建了新的南京大学、南京工学院、南京师范学院等多所院校。

南京工学院：以工学院电机、机械、土木、建筑、化工系，农学院工业工程系为主体，分别并入金陵大学电机系、化工系，江南大学机械、电机系、食品工业系，武汉大学园艺系农产加工组、农化系农产制品组，以及复旦大学农化系，浙江大学农化系、无线电通讯和广播专业，山东工学院无线电通讯和广播专业，厦门大学机械、电机系，交通大学无线电等系科。

南京大学：以文学院、理学院、法学院和金陵大学文学院、理学院为主体，并入复旦大学外文系德文组、震旦大学外文系法文组、同济大学外文组、齐鲁大学天文算学系、中山大学天文系、浙江大学地理学系地理组、四川大学地理学系等系科。

南京师范学院：以师范学院和金陵大学教育系、儿童福利系为主体，并入震旦大学托儿专修所、岭南大学社会福利系儿童福利组、南京师专数理班等系科。

南京农学院：以农学院和金陵大学农学院为主体，并入浙江大学农学院部分系科。

华东水利学院：由工学院水利系和交通大学水利系、同济大学土木系水利组、浙江大学土木系水利组、华东水利专科学校水工专修科等系科合并组建。

华东航空学院：由工学院航空工程系、交通大学航空系、浙江大学航空系等合并组建。

南京林学院：由农学院森林系、金陵大学农学院森林系、华中农学院森林系等合并组建。

医学院 1951 年变更建制，属华东军政委员会卫生部领导，1952 年改名为中国人民解放军第五军医大学，1954 年迁至西安，与原第四军医大学合并为新的第四军医大学。

文学院哲学系并入北京大学哲学系。

法学院法律学系、政治学系调至华东政法学院。

法学院经济学系调至复旦大学。

第六章

南京工学院

(1952—1988)

　　1952 年，全国高校院系调整，以原南京大学工学院为主体，先后并入金陵大学、复旦大学、交通大学、浙江大学、武汉大学、厦门大学、江南大学、山东工学院等 8 所学校的相关系、科，在四牌楼本部校址建立南京工学院（简称"南工"）。1955 年后，学校又陆续迁出一些系、科，组建、援建了多所院校。南工是一所教育部直属的多科性工科院校，是全国著名的"四大工学院"之一，为新中国工业化建设和教育科技事业培养了大批高层次专门人才，在社会上享有卓著声誉。1978 年后，学校逐步恢复文、理科，开启了建设以工为主、工理文管相结合的综合大学的奋进历程。

南京工学院校门

严谨 求实 团结 奋进

南京工学院校风

南京工学院历任领导

任期	职务	姓名
1952.11—1958.09	南京工学院院长	汪海粟
1953.01—1957.11	南京工学院党委书记	
1957.11—1960.01	南京工学院党委书记	杨德和
1960.01—1968.03	南京工学院党委书记	刘雪初
1960.01—1968.03	南京工学院院长	
1968.03—1971.12	南京工学院革委会主任	骆骥
1971.12—1973.01	南京工学院革委会主任	张云茂
1971.12—1973.01	南京工学院党的核心小组组长	
1973.02—1974.11	南京工学院革委会主任	何冰皓
1973.02—1974.11	南京工学院党的核心小组组长	
1974.11—1977.05	南京工学院革委会主任	林克
1974.11—1977.05	南京工学院党的核心小组组长	
1977.07—1978.03	南京工学院革委会主任	陈光
1977.07—1978.03	南京工学院党的核心小组组长	
1978.05—1979.05	南京工学院院长	盛华
1978.05—1979.05	南京工学院党委书记	
1979.09—1980.10	南京工学院院长	吴觉
1979.09—1983.11	南京工学院党委书记	
1980.11—1983.11	南京工学院院长	钱钟韩
1983.11—2002.02	南京工学院名誉院长、东南大学名誉校长	
1983.12—1985.08	南京工学院党委书记	刘忠德
1983.12—1986.12	南京工学院院长	管致中
1986.12—1993.11	南京工学院院长、东南大学校长	韦钰
1986.12—1993.05	南京工学院党委书记、东南大学党委书记	陈万年

一、工科典范　享誉全国（1952—1956）

1952年，南京工学院成立，汪海粟为首任院长兼党委书记。汪海粟院长主校期间，以国家需求为导向，积极探索新型社会主义工科大学的办学道路。学校以教学为中心，依靠教师办学，结合实际，学习苏联经验，积极开展科学研究，推动教育教学改革。在学校党委领导下，全体师生员工共同努力，南工各项事业蒸蒸日上，工科名校，初现端倪。

南京工学院院长兼党委书记汪海粟

（一）面向社会　培育人才

1950年代，南工以国家需求为导向，以教学为中心，发挥教师的主导作用，积极探索新型工科人才培养路径，不断提高教学质量，为国家工业化建设培养了大批专门人才。南工毕业生素以基础扎实、严谨实干、动手能力强而深受社会各界赞誉。

土木工程系学生在天安门进行标高矫正实习

南京工学院学生金丽辉毕业证书

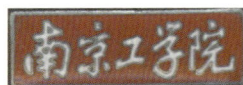

南京工学院校徽

南工以苏联高等教育为模本进行教学改革，从专业教学计划、课程教学大纲、教学内容与教学方法等方面系统学习苏联经验，并结合实际，探索中国工科教育新途径。

苏联专家正在讲课

1956 年，教育部高等教育代表团在哈尔科夫列宁工学院留影，汪海粟（前排右二）为代表团副团长

（二）进军科学　成果迭现

　　1954 年 10 月，南工院务扩大会议通过了《关于开展科学研究工作的决议》，指出：科研工作是高等学校的基本任务，科学研究对科学和国民经济发展都有重要意义，鼓励教师联系实际，钻研科学，提高业务水平和教学质量。1956 年，中共中央发出"向科学进军"的号召，南工积极响应，加快了科研工作步伐。

1956 年 10 月，南工院召开第一次科学讨论会

　　1956 年 10 月，南工召开第一次科学讨论会，规模宏大，盛况空前，有力地推动了科研工作的开展。南工的科学研究及与企业、科研单位的合作研究都开展得有声有色，在国家经济建设中发挥了积极作用。

在第一次科学讨论会上，刘敦桢教授所作《苏州园林》的学术报告得到与会专家高度评价。后据此修改成的专著《苏州古典园林》荣获 1978 年全国科学大会奖、1982 年全国优秀科技图书奖，是研究中国传统园林的经典之作

（三）高擎旗帜　事业振兴

南京工学院党委坚持贯彻党的教育方针，组织理论学习，积极发展党员，加强自身建设。1956 年 8 月 30 日到 9 月 2 日，中国共产党南京工学院第一次党员大会隆重召开，汪海粟书记作了《动员全院力量，将教学水平、科学水平、工作水平和党的领导水平推向新的阶段，为进一步提高培养干部的质量而奋斗》的工作报告，大会选举产生了南工新一届党委会。

1952—1957 年间，学校规模迅速扩大，事业蒸蒸日上，本科专业由 11 个增至 21 个，教师人数由 268 人增至 842 人，在校学生人数由 1944 人增至 6018 人，建筑面积由 8.77 万平方米增至 17 万平方米，呈现一派欣欣向荣的景象，成为当时全国著名的"四大工学院"之一。

中共南京工学院第一次党员大会会场

南京工学院专业设置情况（1952 年、1957 年）

系别	1952 年本科专业	1957 年本科专业
建筑系（原建筑工程系）	房屋建筑	建筑学
土木工程系	工业与民用建筑 汽车干道与城市道路 桥梁隧道	工业与民用建筑 公路与城市道路 混凝土与建筑制品生产
机械工程系	热力发电厂 水力机械 机械制造	机械制造工艺金属切削机床及工具 铸造工艺及设备 农业机械 机械设计
动力工程系（原电力工程系）	发电厂配电网及其配电系统	发电厂电力网及电力系统 工业企业电气化 热力发电厂 工业热力学
无线电系（原电信工程系）	电气真空学	无线电技术 电子器件 工业电子学
化学工程系	矽酸盐	矽酸盐工学 化学生产机器及其设备
食品工业系	食品工学	粮食加工工艺学及粮仓管理 发酵剂制造工学 油脂工艺学 食品机械

南京工学院师资情况统计（1952—1957 年）

年份	教授	副教授	讲师	助教	合计
1952	55	14	80	119	268
1953	55	19	80	195	349
1954	57	17	81	239	394
1955	58	16	133	257	464
1956	56	19	150	335	571（含 11 名教员）
1957	55	20	150	617	842

南京工学院主要师资（1952—1957 年）

系 别	系主任	教授					副教授		
建筑工程系	杨廷宝	刘敦桢　童　寯　李汝骅　陈裕华　张镛森 刘光华　成竟志　张　烈							
机械工程系①	胡乾善 舒光冀	钱钟韩　范从振　石志清　夏彦儒　潘新陆 高良润　霍少成　汤心济					黄锡恺　钱定华　方友鹤 林世裕		
动力工程系	吴大榕 范从振	钱钟韩　夏彦儒　王守秦　曹守恭　闵　华 杨简初　严一士　孙仁洽					李士雄		
无线电工程系	陈　章	钱凤章　王端骧　金宝光　陆钟祚　闵詠川					沈庆垓　吴伯修　魏先任		
土木工程系	徐百川 金宝桢	刘树勋　方左英　方福森　余立基　陈昌贤 张　烈　黄继溪　戴居正　吴肇之　孙云雁					李荫余		
化学工程系	时　钧	丁嗣贤　王国宾　汪仲钧　张瑞钰					谢启新　张有衡		
食品工业系	王　昶 朱宝镛	向瑞春　沈学源　黄本立					王鸿祺　汤　逢　刘树楷 刘复光		
基础课教研组		胡乾善　梁治明　石志清　丘　侃　郭会邦 倪可权　谢景修　沙玉彦　倪尚达　祝修爵					汪克之　张图谟　许启敏 杨景才　徐　镳　刘戎波 马遵廷　徐培林　鲍恩湛		

南京工学院在校生和毕业生情况统计（1952—1957 年）

年份	在校生人数	毕业生人数
1952	1944	376
1953	2618	462
1954	3352	541
1955	3816	847
1956	4898	967
1957	6018	480

---

① 1957 年，扩分为机械一系（系主任为舒光冀）和机械二系（系主任为钱定华），后分别更名
　为机械工程系和农业机械系。

二、艰辛探索　曲折发展（1957—1976）

这一时期，南京工学院在曲折中发展。1959年12月，刘雪初任南京工学院党委书记兼院长后，整顿教学秩序，推动教学改革，加强工程训练，推进科研工作。1961年后，以贯彻"八字方针"和"高教六十条"为契机，学校制定了《1962年至1967年工作纲要（草案）》，全院思想统一、群情振奋，各方面工作得以恢复并蓬勃开展。1961年后，　南京工学院深化教学

南京工学院院长兼党委书记刘雪初

改革，先后筹办了如水声工程、自动控制、陀螺仪及导仪器等一批国家及国防建设急需的新专业；积极开展科研，投身国家经济建设，取得了一批达到当时国内先进水平的科技成果。

（一）改革教学　重视实践

为贯彻教育部关于高校教学工作"少而精"的原则，刘雪初院长总结并实施了一套具有自身特色的被称为"三抓三步五带动"的做法，取得了明显成效，提高了教学质量。

"三抓"，即抓内容精选，抓环节配合，抓调查研究。

"三步"：第一步，研究教学大纲，分清内容主次，适当强干削枝，研究教学方法；第二步，精炼教学内容，讲清规律，适当减少课堂教学时数，增加学生自学和实践时间，对教学大纲作必要修改，各系选定少数课程先行实践；第三步，在各门课程少而精的基础上，按照专业培养目标进行整个专业的"三基"串联配套，进一步搞"少而精"。

新任院长刘雪初在作"三抓三步五带动"动员报告

1960年，南工为迎接全国文教群英会自行研制成功
国内第一台机器人

"五带动"是为贯彻"少而精"原则与提升教师自身修养而对所有教师的要求：第一，钻研、熟悉本学科基础理论，带动学科理论水平的提高；第二，学习中外文资料，带动专业外文过关；第三，综合分析资料，带动综合阅读文献能力的提高；第四，动脑筋考虑方案或教案，带动教学文件建设；第五，改革必须通过教学实践，由此带动教学过关。

　　教材是教学活动的主要依据，关系教学质量的高低。学校将教材建设视为一项经常性的重要工作，有组织、有计划地进行高质量教材的编写和修订工作。经过几年的不懈努力，至 1962 年，学校所开 300 多门课程中，65% 采用通用教材，15% 采用外校讲义，20% 采用自编讲义。至 1965 年，各专业所有课程均有了基本符合需要、质量较高的教材和完整的教学文件。南工还承担了许多全国通用教材的编审工作，编写出版了 40 余种教材，被全国高校广泛采用。其中，有的教材多次再版或出增订版，沿用至今，享誉全国。

享誉全国的南工教材

　　为贯彻"高教六十条"、实现人才培养目标，学校在加强理论教学的同时，高度重视实践教学环节，加大实验室建设，加强学生的工程训练，让学生真刀真枪地进行毕业设计，将专业实践和公益劳动有机结合，加强劳动实践，推进教育改革。1958 年 9 月 28 日，时任全国人大常务委员会委员长、中共中央副主席刘少奇曾来校视察，参观实习工场。

1957 年，机械制造专业同学
在实验室进行切削机床实验

    1972 年 4 月，根据国务院《关于大专院校放暑假和招生工作的通知》的精神，南工恢复招生，首届工农兵学员入校，学校的教学、科研工作逐步得到恢复。南工教师抓紧有利时机，努力提高业务水平，编写教材、讲义，提高教学质量，从事科研、生产活动，出版科研著作，为之后专业学科的快速发展奠定了基础。

南工首批工农兵学员入学

（二）支援建校　影响深远

1955 年至 1960 年，为满足国家工业化建设需求，响应地方发展高等教育事业的号召，加强和扩大各专门人才培养，南京工学院分出相关系科单独建校或支援新建院校，分别为南京化工学院、无锡轻工业学院、镇江农业机械学院和成都电讯工程学院。

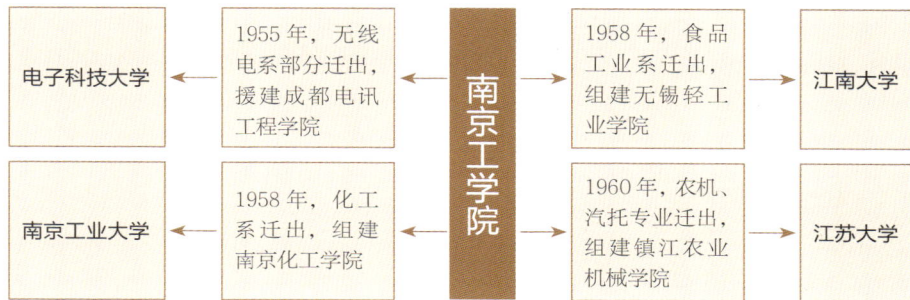

电子科技大学	←	1955 年，无线电系部分迁出，援建成都电讯工程学院	←	南京工学院	→	1958 年，食品工业系迁出，组建无锡轻工业学院	→	江南大学
南京工业大学	←	1958 年，化工系迁出，组建南京化工学院	←		→	1960 年，农机、汽托专业迁出，组建镇江农业机械学院	→	江苏大学

（三）迎难而上　开展科研

在特殊年代的困难条件下，南工广大教师经过艰苦努力，完成了600 余项科研任务，其中有 40 多项达到国内先进水平，16 项填补了国内研究的空白。在 1978 年召开的全国科学大会上，南工有 29 个科研项目获奖，另有 20 个项目获江苏省科学大会奖。

钟训正教授设计的南京长江大桥桥头堡

杨廷宝教授

杨廷宝教授主持，土木、建筑两系参加设计的南京五台山体育馆
（1978年荣获全国科学大会奖，1981年获全国优秀工程设计银质奖）

童寯教授

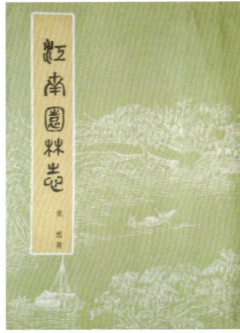

童寯教授的专著《江南园林志》
（1963年正式出版，被学术界公认为
近代园林研究最有影响的著作）

1969年，动力系承担了"磁流体发电"的研究任务，图为磁流体发
电研究室

1978 年国家科学大会奖获奖项目

成果名称	完成单位
综合医院建筑设计	建筑工程系
苏州古典林园	建筑工程系
倒置、大排距、双层送风冲天炉	机械工程系
笛簧管红外线自动烧结机	机械工程系
球墨铸铁的研究与应用	机械工程系
1G(3AX-24) 生产线	机械工程系
表面形状和位置公差	机械工程系
论汽泡、液滴和固体圆球在粘性流体中的运动	动力工程系
10 米卫星通讯地面用 7.5cm 致冷参量放大器	动力工程系
10 米卫星通讯地面用 7.5cm 氦制冷机	动力工程系
电子计算机对火电厂进行监控	动力工程系
模拟声源	无线电工程系
地面活动目标侦察雷达	无线电工程系
地面自动化行车控制二期工程——双工无线电台	无线电工程系
水声自由扬声压标准装置及标准水听器电子测量专用设备的研制	无线电工程系
11 千兆微波接力机	无线电工程系
E3251-E3255 自动微波频率置换装置系列	无线电工程系
钢筋混凝土结构件设计方法	土木工程系
钢筋混凝土及预应力混凝土构件及裂缝计算方法	土木工程系
火电厂装配式钢筋混凝土厂房结构	土木工程系
大跨网架屋盖结构的计算方法	土木工程系
装配式钢筋混凝土节点	土木工程系
文字信号发生管（单象管）	电子工程系
LX-4 彩色录象管	电子工程系
SZN-1 型四极质谱计	电子工程系
953-1 机载回答式干扰机	电子工程系
DH-1 型电罗径	自动控制系
电子航迹仪	自动控制系
数控绘图仪	自动控制系

三、改革振兴　重绽芳华（1977—1988）

　　1977年，国家恢复了停止多年的高考制度，南京工学院迎来了1977级新生。1978年，党的十一届三中全会开启了改革开放的新时代，高等教育也进入了一个新时期。学校加强领导班子建设，改革领导体制，调整组织机构；制定事业规划，调整、发展新学科，谋划走综合性大学发展道路；深化教学改革，恢复教学的中心地位，尊重知识和人才，发挥教师的主导作用，不断提高教学质量；发展研究生教育，培养高层次人才，形成多层次多形式的办学新格局；积极开展科研工作，建设重点学科，扩大国际交流合作。南京工学院的各项改革迭次推进，多项改革走在全国高校前列，校园呈现勃勃生机。

动力工程系电力系统及其自动化专业1981届毕业生留影

校园春意图（《南京工学院报》1980 年 1 月 1 日，第 332 期）

（一）志存高远　综合发展

为顺应国际高等教育发展趋势，适应新时期国家对高等教育事业发展的需求，南京工学院从1978年起，立足学校发展实际，制定了一系列发展规划，逐步确立了建设"国内第一流、国际有影响"的综合性大学的奋斗目标，逐步恢复和创办了一些文、理类系科。

南京工学院发展目标的演进

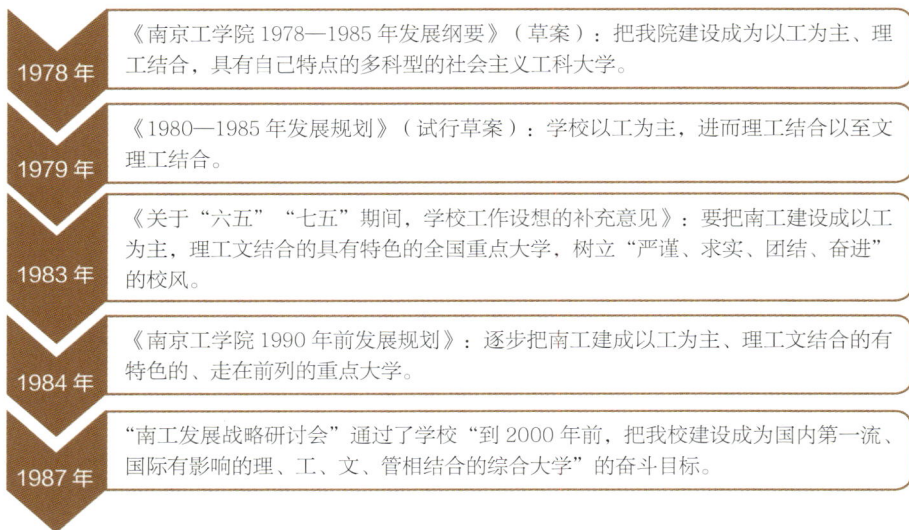

年份	内容
1978年	《南京工学院1978—1985年发展纲要》（草案）：把我院建设成为以工为主、理工结合，具有自己特点的多科型的社会主义工科大学。
1979年	《1980—1985年发展规划》（试行草案）：学校以工为主，进而理工结合以至文理工结合。
1983年	《关于"六五""七五"期间，学校工作设想的补充意见》：要把南工建设成以工为主，理工文结合的具有特色的全国重点大学，树立"严谨、求实、团结、奋进"的校风。
1984年	《南京工学院1990年前发展规划》：逐步把南工建成以工为主、理工文结合的有特色的、走在前列的重点大学。
1987年	"南工发展战略研讨会"通过了学校"到2000年前，把我校建设成为国内第一流、国际有影响的理、工、文、管相结合的综合大学"的奋斗目标。

社科系领导班子及教授考察南京六朝文物，右一为社科系主任刘道镛教授

新成立的数学系领导班子在研究工作，右三为数学力学系主任王元明教授

（二）开拓创新　方兴未艾

南京工学院在全国高校中较早开展教学改革，秉持"改革传统的以传授知识为主的旧教学体系，着眼于发展学生的能力，正确处理教与学、知识与能力、理论与实践的关系"的指导思想，深化教学改革，提高教学质量。主要包括以下几个方面：调整专业设置，拓宽专业口径，注重学科交叉与渗透，增强培养人才的适应性；注重智能开发与培养，着重抓外文、计算机和情报检索能力的提高；实行学分制，增强学生学习自主权，加强管理，抓好学风建设；发展研究生教育，培养高层次人才；适应社会需要，发展成人教育。

1979年，南京工学院首创电气技术专业，突出运用技术基础知识与技能解决工程问题的能力培养，获得社会广泛好评。图为南工首届电气技术专业本科毕业合影

为解决公共基础课师资紧缺的问题，自 1977 年起，学校先后创办了 9 个本科师资班：数学、物理、力学、外文、体育、机械制图、电工、电子、马列主义理论。图为 1981 年春，马列主义教研室主任萧焜焘教授（二排右九）与 1977、1978 级马列师资班同学在采石矶合影

学校于 1978 年恢复研究生教育，1985 年在校研究生已达 708 人，1986 年成立研究生院（试办）。图为研究生院成立暨开学典礼

为探索优才优育的人才培养模式，1985年，学校直接从中学招收成绩优异的少年学生入学，设立"少年班"。从1990年起，学校将少年班与高分考生混编成"强化班"。图为首届少年班合影

1981至1985年间，学校为促进学生智能的开发与培养，开辟了"第二课堂"。1984年，学校举办了"第二课堂成果展览会"，时任共青团中央书记处第一书记胡锦涛参观了展览

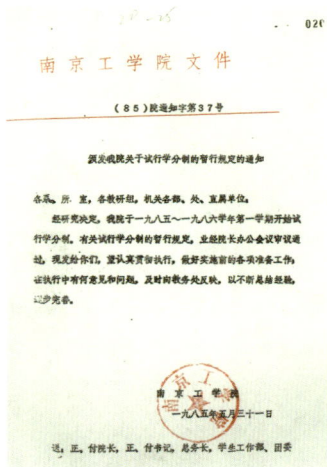

1985年，学校对1984级、1985级学生全面试行学分制。图为院通知第37号文：《颁发我院关于试行学分制的暂行规定的通知》

1986 年 5 月，南京工学院学生在鼓楼广场举行"共产主义劳动日"活动

随着教学质量的提高，学校在教学方面获奖不断。1987年，有 24 部教材在国家和部委高校优秀教材评选中获奖。1989 年，在全国普通高校优秀教学成果奖评选中获特等奖 1 项：《无线电技术专业教学改革的示范性成果》；获优秀奖 4 项：《创建我国学科型电气技术新专业》《加强实验环节，实行"讲习做"结合—数字电子技术课程改革》《不断深化改革体育教学——努力提高学校体育整体效应》《加强信息反馈，实现科学管理》。

1987 年，刘敦桢教授等编著的《中国古代建筑史》获全国优秀教材特等奖

1983 年，南京工学院召开
首届教书育人座谈会

20 世纪 80 年代，机械系
教师讨论教材编写工作

1977—1988 年间，无线电工程系统拓宽专业口径，更新教育体系，加强专业基础与能力
培养，成绩显著，其改革成果"无线电技术专业教学改革的示范性成果"获 1989 年度
国家教学成果特等奖

南京工学院系、专业设置情况表（1988 年）

系别	专业（＊为专修专业）
建筑系	建筑学、城市规划、风景园林
机械工程系	机械制造工艺与设备；铸造；电子精密机械、电子设备结构、机械制造工程＊
动力工程系	电厂热能动力；工程热物理；热能工程；生产过程自动化
无线电工程系	无线电技术；电子仪器及测量技术；电磁场与微波技术；水声电子工程；信息工程
土木工程系	工业与民用建筑；公路与城市道路；建筑材料；环境工程；交通工程；工民建师范班；工业与民用建筑＊
电子工程系	物理电子技术；光电子技术；半导体物理与器件；真空物理及技术；电子材料与元件
数学与力学系	应用数学
自动控制系	自动控制；工业电气自动化；检测技术及仪器；精密仪器
计算机科学与工程系	计算机及应用；计算机软件
物理与化学系	应用物理；化学师范班；精细化工＊
生物医学工程系	生物医学工程及仪器
材料科学与工程	金属材料与热处理
社会科学系	马列主义基础理论
管理科学与工程系	工业管理工程；建筑管理工程
电气工程系	电力系统及其自动化；电气技术；电气工程＊
图书馆	图书情报＊
哲学与科学系	有硕士点、暂未设本科专业
外国语言系	筹办专门用途外语专业
体育系	面向全校开公共体育课

　　20 世纪 80 年代，南京工学院勇立潮头、敢闯敢试，在全国高校中率先推进了系列改革：首批试行院长负责制，调整专业学科结构，改革教学科研管理体制，全面推行教师聘任制，精简机构分流队伍，建立教代会，发挥民主管理与监督作用，改进机关作风，推进民主办学。

　　学校基本建设进展显著，校园新楼迭起，教学、科研和生活用房条件得到很大改善，新图书馆落成，实验仪器设备更新，档案馆、出版社先后成立，后勤改进服务，保障了教学、科研的顺利进行，学校各项事业蓬勃发展。

1983 年建成的计算机中心机房

1984 年建成的电教语音室

1984 年 10 月，南京工学院首届教职工代表大会合影

1986 年，新图书馆正式启用

代表大会 一九八四年十月二十九日

（三）群贤毕集　学高为师

南京工学院时期，形成了老、中、青结构比较合理的师资梯队，师资水平得到了很大的提高。截至1988年，有7名教授被聘为国务院学位委员会学科评议组成员，27名教授被国务院学位委员会批准为博士生导师，另有一批各学科知名教授如李剑晨、陈章、刘树勋、王守泰、徐百川、方福森、胡乾善、范从振、方左英、梁治明、黄锡恺、吴伯修、管致中、萧焜焘、唐念慈等，他们热心教育科学事业，业绩卓著，为南工的人才培养和科学研究作出了重要贡献。

被聘为国务院学位委员会学科评议组成员的教授名单

首届（1981年）	工学组：陆钟祚、杨廷宝、钱钟韩
第二届（1985年）	建筑学：齐康（组长）、郭湖生
	动力机械及工程热物理：曹祖庆
	自动控制：冯纯伯

南京工学院博士点、博士生导师情况表（截至1988年）

序次	批准时间	博士点数	博士点学科名称	博士生导师			
				第一批（7人）	第二批（5人）	特批（3人）	第三批（13人）
第一批	1981年	7	建筑设计	杨廷宝	齐康		
			建筑历史与理论	童寯			郭湖生 潘谷西
			铸造	舒光冀			苏华钦
			结构工程	丁大钧		宋启根	吕志涛
			通信与电子系统	吴伯修	何振亚[①]		程时昕
			电子物理与器件	陆钟祚		韦钰	
			自动控制理论	钱钟韩	冯纯伯		徐南荣
第二批	1984年	2	电厂热能工程		曹祖庆		陈来九 章臣樾
			电磁场与微波技术		李嗣范		章文勋

[①] 何振亚教授后转到"信号电路与系统"博士点任博士生导师。

续表

序次	批准时间	博士点数	博士点学科名称	博士生导师			
				第一批（7人）	第二批（5人）	特批（3人）	第三批（13人）
特批	1985年	1	半导体与物理器件			童勤义	
第三批	1986年	4	热能工程				徐益谦
			电机				周鹗
			电力系统及其自动化				陈珩
			信号电路与系统				何振亚

管致中院长与国务院批准的第一批部分博士生导师共庆新春
（左起：冯纯伯、何振亚、吴伯修、李嗣范、陆钟祚、钱钟韩、管致中、丁大钧、齐康、舒光冀、曹祖庆）

杨廷宝教授（右二）、齐康教授（中）指导学生

李剑晨教授为学生示范作画

陈章教授（右）和陆钟祚教授（左）论培养电子学
人才问题

钱钟韩教授指导实验

冯纯伯教授（右）和宋文忠教授长期从事自动控制理
论及其应用的教学

萧焜焘教授为学生答疑

以丁大钧（中）、
宋启根（左）、吕
志涛（右）教授
为核心的土木结
构工程学术梯队

（四）科研先导　联合发展

南京工学院提出"以科研为先导，以任务带学科，以联合求发展"的创新发展思路，组建学术梯队，建设重点学科，推进科技管理体制改革，在全国高校中较早推行科研项目负责人负责制，极大地调动了广大教师的积极性，科研工作蓬勃开展，跃上了新台阶。

南京工学院院属科研机构（1980 年）

科研机构名称	负责人
建筑研究所	杨廷宝（兼）
无线电电子学研究所	陆钟祚
自动化研究所	钱钟韩（兼）
磁流体发电研究室	徐益谦
计算中心	委托自动控制系领导
建筑设计研究院	刘树勋（兼）

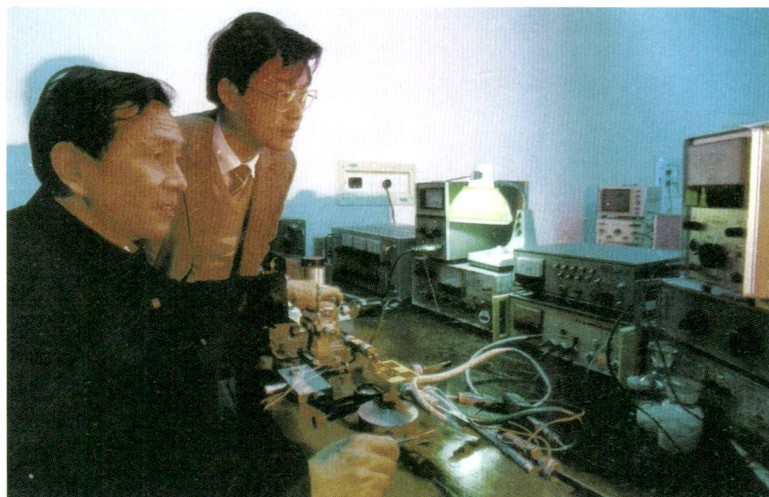

无线电系孙忠良教授（左一）研制的毫米波振荡器系列获国家技术进步一等奖

计算机系、机械系、管理学院等多位教授参与的北京第一机床厂
CIMS 项目获国家科技进步奖二等奖和"美国国家工程师奖"

1981 年南京工学院在国内首次研制成功 THK6350 数控机床，其性能指标达到国内外同类型"加工中心"机床的先进水平

1984 年，杨廷宝、齐康教授等主持设计的武夷山庄被城乡建设环境保护部评为建筑设计一等一级奖

1987年，南京工学院发明的"能阻塞载波的避雷器"获全国首届发明专利证书

热能工程研究所的洁净煤燃烧技术居于当时国内领先水平，图为徐益谦（左）、章明耀（右）教授在工作中

南京工学院获国务院部、委和省（市）奖统计表（1978—1988 年）

年份	获国务院部委奖的科技成果 / 项						获省（市）级奖的科技成果 / 项				
	一等	二等	三等	四等	优秀	总计	一等	二等	三等	四等	总计
1978		1				1	2	4	2		8
1979	3	1	4			8	7	1		5	13
1980			2	2		4	2	8		5	15
1981			1			1	2	3			5
1982		1	5	2		8				8	8
1983	1	1	1	1		4	1	4	10		15
1984	3	2	1	1		7			8	3	11
1985	1	16			12	29	2	8		5	15
1986	2	5	2			9	3	11		11	25
1987		19	1			21	5	8		11	24
1988		1	1			3	1	4		8	13
总计	12	47	18	6	12	95	25	59		68	152

（五）国际交流　深化合作

　　改革开放后，南京工学院恢复了停滞多年的国际交流合作，采取了多种交流合作形式：组团出国考察，与国外大学建立合作关系；派教师到国外学习、进修，合作开展科研，参加学术活动；邀请国外专家、学者来校讲学、任教；举办国际学术会议；发展留学生教育等。这些活动不仅推动了学校教学科研的发展，也扩大了学校在国际上的影响，为学校发展增添了新的活力。

1980年12月，以钱钟韩院长为团长的南京工学院代表团访问日本爱知工业大学，开启了两校长达几十年的"姊妹学校"历程，每年两校互访，延续至今

1982年，美籍华人、南工名誉教授张可南博士来院讲学

1984年，瑞士与澳大利亚学生参加建筑系短期进修班，与建筑系老师合影

1986年，管致中院长（左二）会见瑞士联邦委员会副主席、外交部长皮埃尔·奥贝尔（Pierre Aubert）

第七章

东南大学

（1988—   ）

1988 年，南京工学院复更名为东南大学，开启了新的历史篇章。2000 年，东南大学、南京铁道医学院、南京交通高等专科学校合并，南京地质学校并入，组建新的东南大学。学校现已成为一所以工科为主要特色的综合性、研究型大学，是中央直管、教育部直属的全国重点大学，是国家"985 工程"和"211 工程"重点建设大学之一，于 2017 年入选世界一流大学建设 A 类高校名单。120 多年来，东南大学始终心怀天下、心系祖国，为科学进步、民族复兴而自强不息、追求卓越，形成了"严谨、求实、团结、奋进"的优良校风和"以科学名世、以人才报国"的办学理念。新时期，学校恪守"止于至善"的校训，践行"学术至上、生为首位、师为根基"，凝心聚力，锐意进取，向着建设具有鲜明中国特色、东大气质、人民满意的世界一流大学的目标团结奋进。

东南大学九龙湖校区校门

复名东南

1988 年 5 月，国家教委批复同意南京工学院复更名为东南大学，任命韦钰为校长，陈万年为党委书记。复名东南不仅是历史的回归，师生校友的长久期盼，亦真实地反映了学校内涵，可谓实至名归。

1988 年 6 月 6 日，南京工学院复更名为东南大学庆典现场，韦钰校长发表讲话

东南大学发展目标演进

建设"世界一流大学"

建设"国内外知名、高水平研究型大学"

建设"国内第一流、国际有影响的大学"

东南大学历任领导

韦　钰
东南大学校长
（1988.5—1993.11）

陈万年
东南大学党委书记
（1988.5—1993.5）

朱万福
东南大学党委书记
（1993.5—1999.6）

陈笃信
东南大学校长
（1993.11—1997.10）

顾冠群
东南大学校长
（1997.10—2006.5）

胡凌云
东南大学党委书记
（1999.6—2011.1）

易 红
东南大学校长（2006.5—2015.11）
东南大学党委书记（2015.11—2017.12）

郭广银
东南大学党委书记
（2011.1—2015.11）

张广军
东南大学校长
（2015.11—2021.11）

黄　如
东南大学校长
（2022.1—2024.12）

现任领导

左　惟
东南大学党委书记
（2017.12—　）

孙友宏
东南大学校长
（2025.2—　）

名师荟萃

　　东南大学高度重视师资队伍建设，持续不断地推行制度改革，深化"人才强校"战略，建设高层次人才队伍建设，打造人才高地，师资队伍的结构与水平得到了显著改善和提高，逐步形成了一支师德高尚、教学水平高、科技创新能力强、具有较大全球学术影响力的高素质人才队伍。近年来，东南大学正深入落实人才工作"一号工程"，加快建设一流师资队伍，学校教师及团队多次获得各级各类表彰。1988—2024 年，在学校任职过的中国科学院、中国工程院院士有 26 位。2024 年，学校共有国家级人才 649 人次，其中两院院士 17 人，"四大"人才 271 人，"四青"人才 362 人。

钱钟韩（1911—2002）
1980 年当选中国科学院学部委员
（技术科学部）

齐　康
1993 年当选中国科学院院士
（技术科学部）

韦　钰
1994 年当选中国工程院院士
（信息与电子工程学部）

冯纯伯（1928—2010）
1995 年当选中国科学院院士
（技术科学部）

钟训正（1929—2023）
1997 年当选中国工程院院士
（土木、水利与建筑工程学部）

吕志涛（1937—2017）
1997 年当选中国工程院院士
（土木、水利与建筑工程学部）

顾冠群（1940—2007）
1997 年当选中国工程院院士
（信息与电子工程学部）

李幼平
1999 年当选中国工程院院士
（信息与电子工程学部）

孙忠良（1936—2019）
2001 年当选中国工程院院士
（信息与电子工程学部）

张耀明
2001 年当选中国工程院院士
（化工、冶金与材料工程学部）

孙　伟（1935—2019）
2005 年当选中国工程院院士
（土木、水利与建筑工程学部）

程泰宁
2005 年当选中国工程院院士
（土木、水利与建筑工程学部）

黄　卫
2007 年当选中国工程院院士
（土木、水利与建筑工程学部）

缪昌文
2011 年当选中国工程院院士
（土木、水利与建筑工程学部）

张广军
2013 年当选中国工程院院士
（信息与电子工程学部）

王建国
2015 年当选中国工程院院士
（土木、水利与建筑工程学部）

黄　如
2015 年当选中国科学院院士
（信息技术科学部）

段　进
2019 年当选中国科学院院士
（技术科学部）

崔铁军
2019 年当选中国科学院院士
（信息技术科学部）

滕皋军
2021 年当选中国科学院院士
（生命科学和医学部）

顾　宁
2021 年当选中国科学院院士
（技术科学部）

孙友宏
2021 年当选中国工程院院士
（能源与矿业工程学部）

刘加平
2021 年当选中国工程院院士
（土木、水利与建筑工程学部）

熊仁根
2023 年当选中国科学院院士
（化学部）

尤肖虎
2023 年当选中国科学院院士
（信息技术科学部）

王江舟
2023 年当选中国工程院外籍院士
（信息与通信工程专业）

一、党建引领　踔厉奋进

　　"坚持党对高校的领导，加强和改进高校党的建设，是促进高等教育科学发展、建设教育强国的根本保证，是培养社会主义事业建设者和接班人的必然要求。"东南大学党委始终坚持和加强党的全面领导，把方向，定战略，建队伍，加强组织建设、思想建设、作风建设和党风廉政建设，坚持党要管党、全面从严治党，提升治校理政能力，推行"三大块"改革[①]，团结带领全校广大师生员工努力创建社会主义和谐校园，为建设世界一流大学提供了可靠的思想保证和组织保证。

"三步走"发展战略

2005 年"三步走"战略目标	• 到2012年，建成综合实力位居国内一流大学前列、有一定国际影响的研究型大学； • 到2032年，建成国内外知名高水平研究型大学； • 到21世纪中叶，建成世界一流大学。
2015 年新"三步走"发展目标	• 2011年到2015年左右，为创建世界一流大学的加快建设期； • 2016年到2020年左右，为创建世界一流大学的初见成效期； • 2021年到2035年左右，为创建世界一流大学的整体跨越期。
2025 年新"三步走"发展战略	• 到2025年左右，接近世界一流大学水平； • 到2035年左右，学校综合实力和国际影响力进一步提升，进入国内一流大学前列和世界一流大学行列； • 到2050年前后，学校迈入世界一流大学前列。

[①] 为适应经济体制改革及高校职能多元化的要求，1990 年代初，东南大学在国家教委的直接领导下进行了学校综合管理体制改革，根据工作性质不同，将教职工分为教学科研及党政管理（被称为"主干队伍"）、后勤服务、校办产业三支队伍，在管理模式和利益划分上，采取不同的管理方式和分配方法，理顺了校内管理体制。

自 1991 年至 2022 年，东南大学先后召开了六次党员代表大会，明确了奋斗目标和发展战略，引领东南大学不断前行。

2005 年 6 月 14 日，胡凌云书记在中国共产党东南大学第十二次代表大会上作了《以科学发展观统领全局，努力提高办学治校能力，不断开创国内外知名高水平研究型大学建设的新局面》的报告，提出建设世界一流大学的奋斗目标

2022 年 5 月 16 日，左惟书记在中国共产党东南大学第十五次代表大会上作了《决胜攻坚期，踔厉开新局——为早日建成中国特色世界一流大学而努力奋斗》的报告

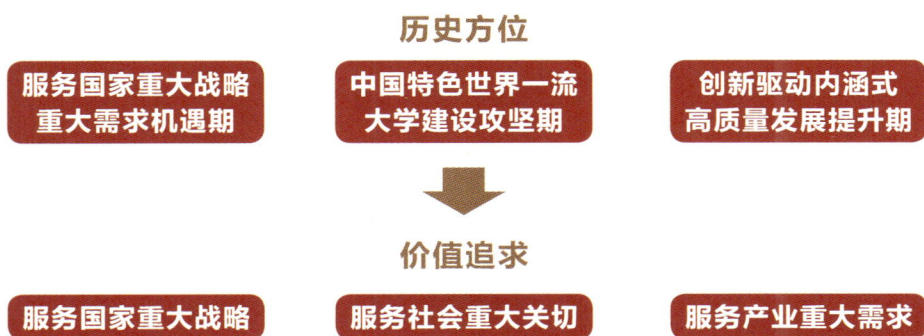

历史方位

| 服务国家重大战略重大需求机遇期 | 中国特色世界一流大学建设攻坚期 | 创新驱动内涵式高质量发展提升期 |

价值追求

| 服务国家重大战略 | 服务社会重大关切 | 服务产业重大需求 |

中国共产党东南大学第十五次代表大会研判学校当前所处历史方位后确立了"三个服务"的价值追求

☭ 新使命

2025年左右，接近世界一流大学水平；

2035年左右，进入国内一流大学前列和世界一流大学行列；

2050年前后，迈入世界一流大学前列。

☭ 一个核心主题

高质量发展

☭ 大力实施 **两** 大主战略

人才强校

创新驱动

☭ 三 大重点建设任务

领军人才培养体系建设

高端高质师资队伍建设

重大科技平台基地建设

☭ 四 项关键领域改革

治理体系结构

学科交叉机制

资源配置机制

服务保障体制

☭ 加快推进 **五** 个提升

目标定位——由国内一流向世界一流提升

学科建设——由工科主导向全面综合提升

人才培养——由栋梁之才向领军人才提升

科学研究——由服务需求向服务国家提升

文化精神——由奋进争先向开创引领提升

2003 年，东南大学举办党风廉政建设教育报告会

2019 年 9 月 26 日，东南大学党委在雨花台开展"不忘初心、牢记使命"主题教育活动，《在雨花英烈精神的激励下前进——东南大学一代青年的红色记忆》专题展览开展

2021 年 6 月 16 日，"青春心向党 奋进新时代"东南大学第二届党史国情大型知识竞赛决赛在九龙湖校区举行

2022 年 9 月 3 日，东南大学党委书记左惟以"矢志领军报国　勇担复兴使命"为题向 2022 级新生讲授"开学第一课"，从"最好的时代""最好的学校""最好的你们"等方面鼓励广大同学珍惜美好时代，热爱百廿东大，锤炼优秀品质

2024 年 9 月 29 日，东南大学举办"接续奋斗强国梦，大道如虹启新程" 2024 年"东大人的国家记忆"主题思政大课

二、立德树人　英才辈出

东南大学把人才培养、立德树人作为办学的根本任务，秉承"重基础、重实践、重素质"的教学传统，本研并重，积极探索人才培养规律，创新人才培养模式，持之以恒地推进教育教学改革，构建起通识教育基础上宽口径、个性化的专业培养知识体系和德智体美劳全面培养体系，教育教学声誉卓著。

1989—2003 年，学校逐步构建起了立体交叉的教学督导体系，以单炳梓、罗庆来、叶善专为代表的资深教授将他们多年的教学经验毫无保留地传授给青年教师。

1989 年	组建校"听课组" 成立由资深教学专家组成的首次开课培训组
1993 年	成立授课竞赛组
1994 年	成立面上教学督导组
1995 年	将原校"听课组"扩充，正式命名为"东南大学教学督导组"
2002 年	面上授课督导小组、首次开课培训小组、授课竞赛评比小组、医学教学督导小组、实践教学督导小组五个小组交叉式分工合作，进行全校教学督导
2003 年	构建校、院（系）两级教学督导体系

1993 年，东南大学在全国率先进行了"招生及奖学金制度"改革，实行收费教育，打破公费生与自费生的界限，同时设定综合奖学金，实行滚动竞争，并辅以各种激励和必要的保护措施，调动广大学生的学习积极性。此次改革产生了全国性影响，推动了中国高校招生制度及就业制度的变革，为中国高等教育改革作出了重要贡献。

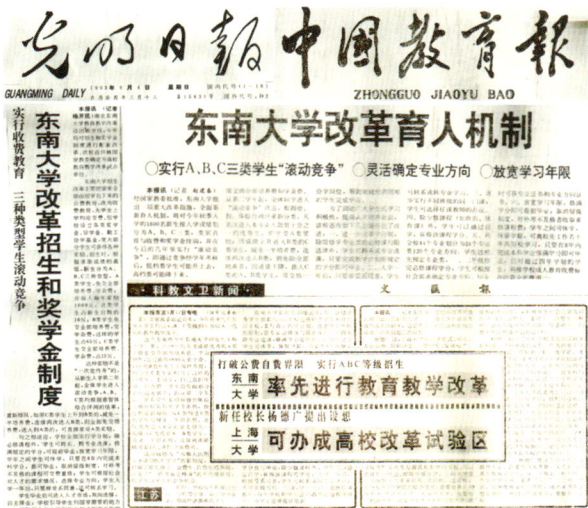

1993年，《光明日报》《中国教育报》等多家报纸纷纷报道东南大学在全国率先实行招生和奖学金制度改革

1994年，东南大学正式确立了"研究生教育与本科生教育并重"的办学方针，扩大研究生招生规模，提升培养质量，注重内涵式发展。1996年3月，经国家教育委员会批准，东南大学正式建立研究生院，东南大学研究生教育进入了新阶段。

1996年6月6日，陈笃信校长（右一）和朱万福书记（中）一同为研究生院揭牌

　　1996年，东南大学遴选首批东南大学教学名师，给予教学成就卓著、师德高尚、深受学生爱戴的教授以教学上的最高荣誉，管致中、陈景尧、单炳梓三位资深教授获此殊荣。

管致中（1921—2007）

陈景尧（1924—2010）

单炳梓（1931—2021）

东南大学先后有六位教师获国家级教学名师称号。

蒋永生（1937—2007）
2006 年
获第二届国家级教学名师奖

戴先中
2007 年
获第三届国家级教学名师奖

王　炜
2007 年
获第三届国家级教学名师奖

吴镇扬
2008 年
获第四届国家级教学名师奖

李爱群
2009 年
获第五届国家级教学名师奖

李霄翔
2011 年
获第六届国家级教学名师奖

国家"万人计划"教学名师

获评时间	2012		2015	2017	2018	2019	2022	2024
姓名	王炜	戴先中	王建国	胡仁杰	宋爱国	陈峻	孙伟锋	陈志斌

东南大学"全国高校黄大年式教师团队"

获评时间	团队名称	团队负责人
2018 年（首批）	电子科学与技术教师团队	崔铁军
2022 年（第二批）	遥操作机器人技术教师团队	宋爱国
2023 年（第三批）	城市设计教师团队	王建国

1995 年，国家决定对"211 工程"重点建设高校分批进行本科教学工作评价，东南大学被列为首批试评高校。在 1996 年、2008 年、2017 年教育部开展的三次本科教学工作评估中，东南大学均获得优秀评价。2024 年，学校高质量完成新一轮本科教育教学审核评估。

2008 年，教育部本科教学水平评估专家组对东南大学开展本科教学工作水平评估

新时期，学校坚持立德树人，继承优良传统、重塑人才培养目标，将人才培养作为"一号工作"，践行"课比天大，生为首位"的育人理念，聚焦育人"四力"[①]培养、"三健"[②]行动引领 AI+ 教学改革，"三个课堂"[③]协同育人，努力造就具有家国情怀和国际视野、担当引领未来和造福人类的领军人才。

"三制五化"创新育人模式

| 导师制 | 书院制 | 完全学分制 |

| 小班化 | 个性化 | 国际化 | 卓越化 | 本研一体化 |

2019 年 3 月，东南大学启动《2020 一流本科教育行动计划》，提出"三制五化"培养模式改革，重构通识教育基础上的宽口径、个性化专业培养新体系

吴健雄学院以"卓越化、个性化、国际化"为育人理念，实行导师指导、优才优育的培养方式，是东南大学拔尖、创新、优秀人才的培养基地、教育教学改革的实践基地和管理改革的示范基地。图为 2019 年，诺贝尔奖获得者、吴健雄学院名誉院长丁肇中与健雄学子亲切交流

---

① "四力"系思辨力、学习力、创造力、领导力。
② "三健"为健全人格、健强体魄、健康心理。
③ "三个课堂"指专递课堂、名师课堂、名校网络课堂。

2020 年 11 月 24 日，东南大学秉文书院举行"恰同学少年——我们在东大的青春岁月"对话大师活动，华生、王学勤、周晓虹、徐康宁、樊和平五位知名教授受聘为"秉文导师"

2021 年 10 月 24 日，国际著名数学家、哈佛大学终身教授丘成桐院士（右六）与张广军校长（左六）等共同为健雄书院揭牌

2022 年 5 月 27 日，东南大学在丁家桥校区举行寿南书院揭牌仪式

2022 年 6 月 15 日，东南大学第一个国际化书院成园书院举行揭牌仪式

2022 年 10 月，学校开启了以"立德树人的东大使命和生为首位的东大行动"为主题的新一轮教育思想大讨论。2022 年 12 月 2 日，黄如校长（中）参加东大第六届校长学生事务特别助理第二次座谈会暨教育思想大讨论研讨会，与学生亲切交谈并合影

2025 年 3 月 21 日，东南大学举办"校长午餐会"首场交流活动，中国工程院院士、东南大学校长孙友宏（前排中）与学生代表共聚一堂，倾听学生所想、关心学生所需，并勉励同学们"为人有德、为学日新、为业日精"

东南大学是教育部"卓越工程师教育培养计划"和"国家大学生创新性实验计划"首批实施高校。为激发学生的创新思维，学校推出"大学生科研训练计划"，学生创新创业活动蓬勃发展。2024 年 10 月 26 日，东南大学－苏州医工所科技团队 HANDSON 在瑞士苏黎世"CYBATHLON2024"第三届全球辅助技术奥运会决赛中荣获"上肢义肢"组冠军，创造了中国科研团队在全球顶级科技助残赛事中的最好成绩

东南大学培养了一大批建功立业的精英翘楚，人才济济、辉光日新。2024年10月30日，东南大学杰出毕业生王浩泽为国出征，随神舟十九号飞船登顶太空。她是我国目前唯一的女航天飞行工程师，根据任务安排，在轨期间将进行多项空间科学实验试验，并执行舱外防护装置安装等任务。

神舟十九号航天员王浩泽
（2008级能源动力工程本科生、2012级热能工程研究生）

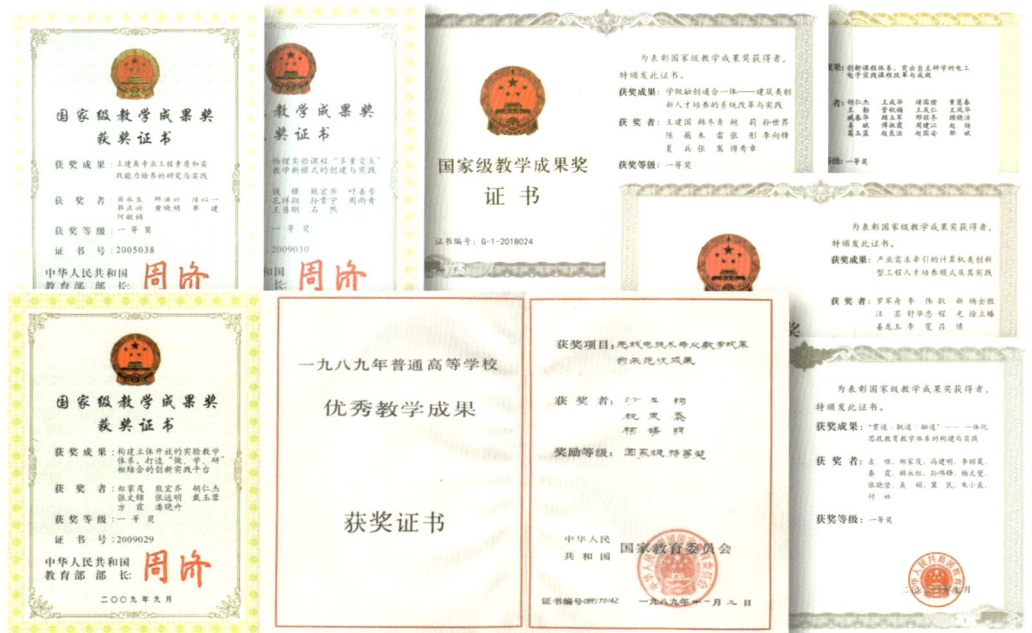

1989—2022年，学校共获得65项国家级教学成果奖，图为部分获奖证书

教学资源建设成果一览表（截至 2024 年）

成果名称	数量
国家级教学成果奖	65 项
国家级一流本科课程	89 门
国家级课程思政示范课程	3 门（首批）
首届全国教材建设奖	11 项
国家级"十二五"规划教材	64 部
全国优秀博士学位论文	20 篇
国家级教学创新团队	11 个
国家级虚拟教研室建设试点	11 个
国家级实验教学示范中心	8 个
国家级虚拟仿真实验教学中心	3 个
国家级一流本科专业建设点	53 个
国家级新工科研究与实践项目	19 项
国家级新文科研究与实践项目	11 项（首批）
教育部基础学科拔尖学生培养 2.0 基地	3 个
教育部未来技术学院	12 个（首批）
国家级人才培养模式创新实验区	12 个
国家级工程实践教育中心	12 个

东南大学获国家级教学成果奖（1989—2022 年）[1]

获奖年度	等级	成果名称	获奖人
1989	特等奖	无线电技术专业教学改革的示范性成果	沙玉钧　祝宗泰　柯锡明
	优秀奖	创建我国学科型电气技术新专业	徐德淦　周泽存　周　鹗
		加强实验环节 实行"讲、习、做"结合——数字电子技术课程改革	丁康源　戴义保　黄春生
		不断深化改革体育教学 努力提高学校体育整体效应	王志苏　刘维清　李勒基
		加强信息反馈 实行科学管理	陈笃信　李樟云　高　辉
1993	二等奖	建筑师职业素质基础培养的有效模式——建筑设计基础教学改革的研究与探索	顾大庆　单　踊　丁沃沃　赵　辰
		《工程流体力学》教学的新模式	王文琪　蔡体菁　于荣宪
		公路与城市道路的专业建设	邓学钧　陈荣生　叶见曙　黄　卫　刘其伟
		博士生培养方法的研究与实践	何振亚　茅一民　王太君　吴承武　贡　璧
		教学管理机制建设的研究与实践	李延保　高　辉　黄祖瑁　姚灼云　范旨福
		建立激励机制加强能力培养——混凝土结构学课程改革重点	蒋永生　邱洪兴　曹双寅　蓝宗建　徐文平
1997	二等奖	汽轮机变工况特性（教材）	曹祖庆
		机械原理（教材）	黄锡恺　郑文纬　吴克坚　张融甫　郑星河
		建筑学专业教学体系的研究与实践	王国梁　黎志涛　单　踊　刘先觉　赵　军
		电力系统稳态分析（教材）	陈　珩
		加强工程基础性教学、建设电子信息类专业新的课程体系	沈永朝　孙崇洲　邹家禄　彭　沛　黄正瑾
		潜心研究 锐意改革 扎实建设 科学管理 教学工作创优秀	陈　怡　黄祖瑁　姚灼云　潘久松　钱梅珍

[1] 东南大学以第一完成人单位获奖项目。

续表

获奖年度	等级	成果名称	获奖人
2001	二等奖	电气、电子信息类专业人才培养方案、教学内容和课程体系改革的研究与实践	陈笃信　陈　怡　邹家禄　沈永朝　黄正瑾
		《多维数字信号处理》（教材）	何振亚
		建设一流的工程基础训练基地	张文锦　万玉纲　赵贵才　马萍相　冯志鸿
		计算机硬件应用系统实验教学改革的研究与实践	戴先中　马旭东　李久贤　孟正大　顾　群
		大学素质教育的研究与实践	陈　怡　黄祖瑁　赵　晴　陆　挺　宋其丰
2005	一等奖	土建类专业工程素质和实践能力培养的研究与实践	蒋永生　邱洪兴　陈以一　郭正兴　黄晓明 单　建　何敏娟
	二等奖	国家工科基础课程电工电子教学基地的建设	陈　怡　吴镇扬　胡仁杰　孟　桥　吴乃陵
		交通规划教学体系的建设与实践	王　炜　陈学武　陆　建　陆　峻　过秀成
		深化机械设计课程体系改革，强化学生实践能力培养	吴克坚　钱瑞明　许映秋　黄　克　姚　华
		改革创新　提高大学英语教学的整体效益与效率	李霄翔　施培芳　陈美华　石　玲　蒯劲超
		本科教学质量监控与保障体系的建立与探索	郑家茂　潘晓卉　黄祖瑁　单炳梓　邱文教
		大学语文教学改革的理论与实践	王步高　丁　帆　张天来　邵文实　乔光辉
		营造培养电子信息类创新人才的综合实践环境	胡仁杰　徐莹隽　王凤华　赵　扬　常　春
2009	一等奖	构建立体开放的实验教学体系 打造"做、学、研"相结合的创新实践平台	郑家茂　熊宏齐　胡仁杰　张文锦　张远明 戴玉蓉　方　霞　潘晓卉
		物理实验课程"多重交互"教学新模式的创建与实践	钱　锋　熊宏齐　叶善专　孔祥翔　孙贵宁 周雨青　王勇刚　石　然
	二等奖	示范性国家大学生文化素质教育基地建设的理论与实践探索	易　红　陈　怡　陆　挺　蒋建清　徐　悦
		开放·交叉·融合——以设计创新为核新的建筑学专业本科教学新体系	王建国　钱　强　龚　恺　韩冬青　陈　薇
		建立科研与教学相结合、学习与研究一体化的创新人才培养模式	宋爱国　况迎辉　陈建元　祝学云　崔建伟

获奖年度	等级	成果名称	获奖人				
2009	二等奖	"双语物理导论"课程的研究型教学模式创新	恽 瑛	朱 明	张 勇	李久贤	孙荣玲
		基于"工程实现"理念的机械类人才培养模式创新研究与实践	许映秋	钱瑞明	贾民平	张远明	郁建平
		自动化学科（专业）知识与课程体系的研究与实践	戴先中	孟正大	马旭东	周杏鹏	谈英姿
		土木工程优质教学资源体系创新建设与实践	邱洪兴 曹双寅	李爱群 肖士者	冯 健 李启明	童小东 郭正兴	吴 京
		基于高层次学科平台的道路交通类高素质人才培养模式	王 炜	黄晓明	秦 霞	陈一梅	陈 峻
2014	一等奖	创新课程体系，突出自主研学的电工电子实践课程改革与成效	胡仁杰 管秋梅 邢丽冬 赵 扬	王成华 王友仁 顾晓洁 葛玉蓝	堵国樑 王凤华 姜 斌 赵良法	黄慧春 臧春华 傅淑霞 赵国安	王 勤 顾玉军 周建江 郁 斌
	二等奖	大学英语探究式教学模式研究与实践	李霄翔 刘 蓉 侯 岩	陈美华 杨茂霞 金 晶	朱善华 程俊瑜 徐晓燕	吴之昕 石 玲 郑玉琪	郭锋萍 朱宏清 邹长征
		现代道路交通类人才专业知识构建和核心能力提升的改革与实践	王 炜 陈学武 张 航	黄晓明 胡伍生	陈 峻 陆 建	程建川 黄 侨	陈 怡 高 英
		以提升执业能力为核心的医学影像学人才培养研究与实践	滕皋军 居胜红	杨小庆 杨 明	刘 斌 靳激扬	邓 钢 王慧萍	谢 波 张俊琴
		现代工程管理人才"一体两翼"型专业核心能力培养的研究与实践	李启明 杜 静 吴 刚	成 虎 陆惠民	沈 杰 黄有亮	郭正兴 刘家彬	周佑勇 陆 彦
		基于全体学生参与的大学生自主研学体系的创建与实践	郑家茂 张 胤	熊宏齐 戴玉蓉	方 霞 邱文教	徐 悦 潘晓卉	张继文
2018	一等奖	学做融创 通合一体——建筑类创新人才培养的系统改革与实践	王建国 朱 雷 傅秀章	韩冬青 张 彤	鲍 莉 李向锋	孙世界 夏 兵	陈 薇 张 嵩
		产业需求牵引的计算机类创新型工程人才培养模式及其实践	罗军舟 舒华忠 吕 倩	李 伟 程 光	耿 新 徐立臻	杨全胜 姜龙玉	汪 芸 李 雯

续表

获奖年度	等级	成果名称	获奖人				
2018	二等奖	"科教融合、全程多元、知行合一"的物流创新人才培养改革与实践	赵林度 韩瑞珠	王海燕 孙胜楠	李四杰 赖明辉	何　勇	薛巍立
		基于工程创新研究的能源动力类大学生实践教学改革	钟文琪 归柯庭 司凤琪	肖　睿 张小松 李舒宏	朱小良 吕锡武	王明春 华永明	周克毅 陈九法
		"一轴·双驱·三联动"——德才兼备型土木工程创新人才培养的探索与实践	童小东 周　臻 陈　韵	吴　刚 张培伟 舒赣平	邱洪兴 尹凌峰 傅大放	陆金钰 王燕华 刘　静	李启明 缪志伟 王景全
		构建科教融合、虚实结合、校企联合实践教学平台，创新测控专业人才培养模式	宋爱国 张　力	祝雪芬	王立辉	祝学云	陈熙源
		适应现代微电子产业发展的本硕博贯通式创新人才培养模式的改革与实践	孙伟锋 李智群 凌　明	汤勇明 孙立涛	仲雪飞 时龙兴	徐　申 王志功	吴建辉 张在琛
		"四位一体"建构全员全程进阶式研究型教学体系的改革实践	郑家茂 沈孝兵	雷　威 吴　涓	邱文教 陈　峻	朱　明 邓　蕾	熊宏齐 潘晓卉
		思想政治理论课贯彻体现社会主义核心价值观的探索与实践	袁久红 刘　魁 高照明	郭广银 孙志海 涂亚峰	许苏明 刘　波 孙莉玲	叶海涛 袁健红 陆　挺	盛凌振 翁寒冰 廖小琴
2022	一等奖	"贯通·联通·融通"——一体化思政教育教学体系的构建与实践	左　惟 顾永红 黄　民	郑家茂 孙伟锋 朱小良	冯建明 杨文燮 付　林	李昭昊 张晓坚	秦　霞 吴　娟
	二等奖	行业驱动、科教联动、学科推动——交通运输类创新人才培养改革与实践	刘　攀 黄晓明 吴文清 许映红	陈　峻 曲　栩 王　卫	杨　敏 马　涛 丁建文	王　炜 李铁柱 于　斌	陈　怡 耿艳芬 李大韦
		新型建筑工业化战略背景下土木类创新人才培养改革与实践	吴　刚 张　建 王景全 邓温妮	陆金钰 谈超群 童小东 李　霞	李启明 王燕华 邱洪兴 管东芝	郭正兴 刘　静 姚一鸣 王玲艳	乔　玲 李德智 孙泽阳 袁竞峰
		德育铸魂、四维联动、多方协同——培养紧合国家需求的信息工程一流人才	张在琛 李　潇 王志功 赵安明	王　蓉 张　川 张圣清	孟　桥 杨晓辉 戚晨皓	崔铁军 李文渊 党　建	王婧菲 孙　威 吴　亮

获奖年度	等级	成果名称	获奖人				
2022	二等奖	三链并举·多维协同·双驱联动——计算机类人才培养供给侧改革与实践	耿　新　董永强　张敏灵　王贝伦　金嘉晖 李骏扬　杨全胜　王　帅　凌　振　倪庆剑 倪巍伟　东　方　漆桂林　吴巍炜　吕美香				
		数智理工赋能、产教研创贯通——数字时代智慧会计人才培养的变革性实践	陈志斌　陈良华　陈菊花　吴　斌　吴　芃 江其玟　胡汉辉　韩　静　王亮亮　陈洪涛 汪敏达				
		"双螺旋、四联动、全链合"创新创业教育生态体系构建与实践	金保昇　邱文教　沈孝兵　孙伟锋　熊宏齐 秦　霞　杨文燮　陆金钰　胡汉辉　贾　方 徐春宏　邓　蕾　刘　慧				
		面向数智时代的卓越影像医师培养模式创新与实践	居胜红　滕皋军　谢　波　彭新桂　崔　莹 王远成　张建琼　李　嘉　卢　瞳　赵　振 王　玲　陈　月　李惠明　王雨晴　汤天宇				
		生物医学工程拔尖创新人才"三融合、一贯通"培养模式的探索与实践	顾忠泽　顾　宁　陆祖宏　张　宇　涂　景 耿有权　冷　玥　万遂人　谢建明　孙　啸 周　平　徐春祥　汪　丰				
		面向建筑文化传承与创新的国际研究生教育共同体构建与实践	张　彤　江　泓　David Leatherbarrow 葛　明　鲍　莉　董　卫　朱　渊　史永高 唐　芃　淳　庆　成玉宁　朱　雷　李　华 张　愚　李新建				

东南大学高度重视优秀文化的传承与创新，继承优良传统，赓续红色血脉，开展了一系列文化活动，传承东大文脉和东大精神，陶冶师生情操，培育人文素养和创新能力，构建起具有东大特色的"文化育人"体系。

1997年设立的"人文大讲堂"是东大的文化建设品牌，数百位人文名家、科学巨匠应邀来校讲座。图为著名社会学家金耀基教授来校讲学

东大学生勇于创新、敢于挑战,在"挑战杯"全国大学生课外学术科技作品竞赛中频获佳绩。2001年、2007年,东南大学分别在第七届、第十届竞赛中蟾宫夺桂,捧得挑战杯

2021年9月30日,东大师生在烈士纪念日开展"继承先烈遗志·牢记使命担当"主题教育活动并向东大英烈敬献鲜花

东南大学新生文化季闭幕式暨新生文艺汇演

自 2002 年成立至 2024 年，东大研究生支教团共计有 340 名成员远赴祖国中西部，深入扶贫一线，投入教育帮扶事业，点燃希望之火，曾获评"中国青年志愿者优秀组织奖"。图为 2015 年郭广银书记（执旗者）为即将出征的第十八届研究生支教团授旗

学校重视体育教育，连续多年荣获全国运动会体育先进单位，张雨霏等东大学子多次在奥运会、全运会等比赛中斩金夺银。

东大体育系 2022 级研究生张雨霏以 2 金 3 银 5 铜的成绩在东京、巴黎两届奥运会斩获 10 枚奖牌，书写中国奥运游泳纪录

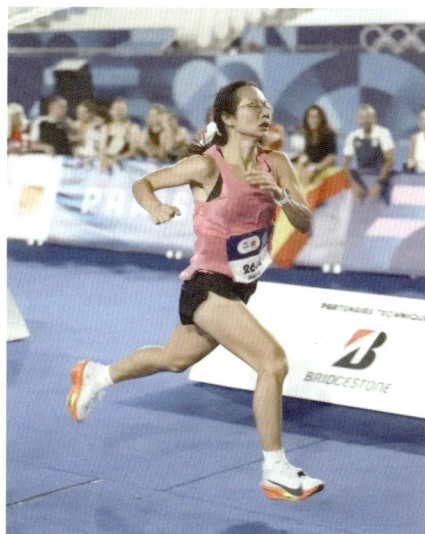

2024 年 8 月 11 日，东大 2011 级校友黄雪梅获得 2024 年巴黎奥运会大众组马拉松比赛女子冠军

2023 年东南大学举办第八届校园马拉松

三、科学名世 服务国家

东南大学践行科技报国，坚持"四个面向"[①]，明确"以科研为先导，以任务带学科，以联合求发展"的发展思路，"开拓创新、争先进位"的发展方略，加强科研制度建设和科研组织，大力推进重大科研项目、基础交叉科研平台、创新团队的布局和产学研合作等工作，做顶天立地的科研，全力实施"原创能力突破计划"，在实践中形成了具有东大特质的科技创新之路。新时期，学校结合学科集群优势，加强有组织的基础研究与应用基础研究，体系化布局未来信息、未来制造、未来能源等未来学科板块，集中力量谋划建设一批开展前沿探索的学术特区与交叉平台，紧扣网络强国、海洋强国、健康中国等战略部署，体系化布局大信息、大健康、大海洋等领域方向，取得了一批原创性、基础性、全球引领性的重大成果。

截至 2024 年，东大获得国家科学技术进步奖、国家技术发明奖、国家自然科学奖共 107 项，其中作为第一完成人所在单位共获奖 63 项[②]。牵头或合作的科研项目获省部级奖 989 项，有效发明专利、SCI、EI 论文收录均列全国高校前列，现已成为我国科学技术研究与辐射的重要基地、支撑国家和区域发展的创新源泉，为实现国家科技自立自强、推动经济社会发展作出了重要贡献。

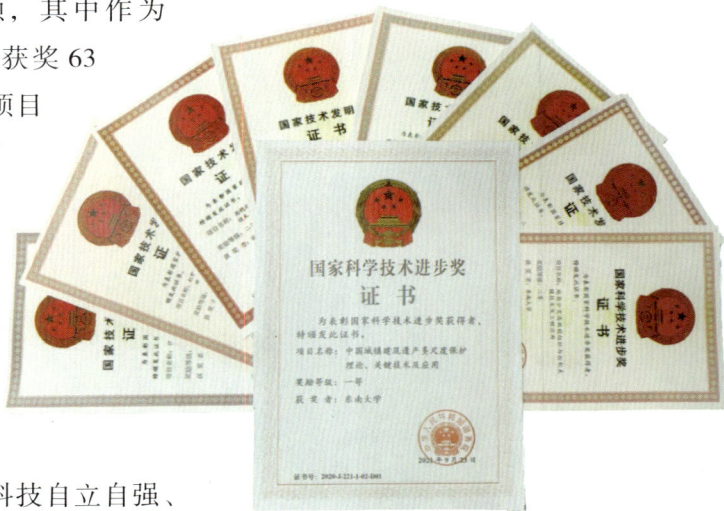

---

① 面向世界科技前沿，面向经济主战场，面向国家重大需求，面向人民生命健康。
② 国家自然科学奖二等奖 7 项、四等奖 1 项，国家技术发明奖一等奖 1 项、二等奖 12 项、三等奖 1 项、四等奖 5 项，国家科技进步奖一等奖 2 项、二等奖 27 项、三等奖 7 项。

国家科学技术奖获奖情况（以第一完成人）

获奖年度	获奖等级	项目名称	主要完成人				
1988	国家科技进步奖二等奖	DH– Ⅲ电磁控制陀螺罗经	童钧芳等				
1990	国家技术发明奖四等奖	轻积灰高传热鳍片省煤器	撒应禄				
1991	国家自然科学奖四等奖	系统建模方法及自适应控制系统设计的研究	冯纯伯				
1992	国家技术发明奖三等奖	钢纤维混凝土路面性能设计与施工技术	孙　伟　陈荣生　黄　熙　高建明　金志强符冠华				
	国家科技进步奖三等奖	H/SQC–552 型侦察声呐	陆佶人　朱滋浩				
	国家技术发明奖四等奖	一种流化表面干燥制粉装置	范　铭　李大骥　葛士福　刘同增				
	国家技术发明奖四等奖	节能复合铝铁锅	孔宪中　陈邦仪等				
1995	国家科技进步奖二等奖	鱼雷脱靶量及末弹道测量系统	陆佶人　朱滋浩　钱振德　刘清旺　黄建人孟　桥　毕光国　万德钧　孟庆济				
	国家科技进步奖三等奖	异种中大型计算机远程 OSI 网络	顾冠群　龚　俭　严秉樟　吴国新　李　俊				
1996	国家科技进步奖三等奖	基于 EDI 的单证交换系统	顾冠群　李　俊　吴国新　方宁生　李　维				
1997	国家科技进步奖三等奖	高科技知识丛书	顾冠群　周强泰　李大骥　董逸生				
1998	国家科技进步奖三等奖	提高徐州电厂国产 200MW 汽轮发电机组运行稳定性、可靠性综合研究	高　矗　周福和　傅行军　杨建明　黄根泉				
	国家技术发明奖四等奖	PVDF– 压电薄膜水听器（换能器）系列	袁易全　时炳文　邵耀梅　王克里　商国华				
	国家技术发明奖四等奖	钢和铸铁件无熔盐覆盖剂热浸镀铝新技术	吴元康　郭　军　梅建平				
1999	国家科技进步奖三等奖	WFBZ–01 型微机发电机变压器组保护装置	陆于平　吴济安　史世文　李　莉　周振安				
	国家科技进步奖三等奖	专用集成电路系统设计及工程技术产业化实施	孙大有　宋岳明　时龙兴　胡　晨　孟绍锋				
2003	国家科学技术进步奖二等奖	道路交通系统规划的成套技术及仿真设备开发	王　炜　徐吉谦　邓　卫　杨　钧　陈学武陆　健　陈　峻　李旭宏　李文权				
	国家科学技术进步奖二等奖	中国第三代移动通信系统研究开发项目	尤肖虎　曹淑敏　王　京　卫　国　胡捍英张　平　杨峰义　李　军　王志勤　赵春明				

续表

获奖年度	获奖等级	项目名称	主要完成人				
2006	国家技术发明奖二等奖	略	何德坪 郑明军	尚金堂	戴 戈	何思渊	杨东辉
2007	国家科学技术进步奖二等奖	生态型高与超高性能结构混凝土材料的研究与应用	孙 伟 张云升	缪昌文 周伟玲	翟建平 陈惠苏	余红发 慕 儒	刘加平
2009	国家技术发明奖二等奖	硅基集成型功率MOS器件及高低压集成技术与应用	时龙兴 宋慧滨	孙伟锋	陆生礼	苏 巍	易扬波
	国家技术发明奖二等奖	基于神经网络逆的软测量与控制技术及其应用	戴先中 朱湘临	孙玉坤	刘国海	马旭东	张凯峰
2010	国家科学技术进步奖二等奖	网络教育关键技术及示范工程	顾冠群 虞维平	罗军舟 吉 逸	曹玖新 刘彭芝	郑庆华 于 斌	史元春 王 杉
	国家科学技术进步奖二等奖	大跨空间钢结构预应力施工技术研究与应用	郭正兴 王玉岭	肖绪文 王存贵	罗 斌 李景芳	吴聚龙 张成林	张 琨 王 宏
	国家科学技术进步奖二等奖	稠密多相流动与化学反应耦合体系的节能减排关键技术及应用	肖 睿 廖东海	钟文琪 孟令杰	孙克勤 陆 勇	金保昇 束长好	卫 达 章名耀
2011	国家技术发明奖一等奖	宽带移动通信容量逼近传输技术及产业化应用	尤肖虎 罗 毅	高西奇	赵春明	潘志文	孙立新
	国家科学技术进步奖二等奖	大跨径桥梁钢桥面铺装成套关键技术及工程应用	黄 卫 程 刚	陈志明 王建伟	钱振东 朱建设	胡汉舟 罗 桑	黄 融 过震文
	国家科学技术进步奖二等奖	新型消化道支架的研发与应用	滕皋军 王忠敏	郭金和 刘春俊	郭圣荣 朱光宇	茅爱武 刘诗义	冷德嵘 何仕诚
2012	国家科学技术进步奖二等奖	纤维增强复合材料的高性能化及结构性能提升关键技术与应用	吴智深 潘金龙	吴 刚 万 水	崔 毅 曹双寅	吴宇飞 梁坚凝	赵启林 杨才千
	国家技术发明奖二等奖	钉形双向搅拌桩和排水粉喷桩复合地基技术与应用	刘松玉 杜延军	朱志铎	杜广印	章定文	储海岩
	国家科学技术进步奖二等奖	略	王 炜 李洪武	顾怀中 陈淑燕	陆 建 王锦尧	胡小翔 朱志星	陈学武 蔡健臣
2013	国家自然科学奖二等奖	多源干扰系统的建模、分析与控制理论研究	郭 雷	孙长银	吴淮宁	李 涛	

续表

获奖年度	获奖等级	项目名称	主要完成人				
2013	国家技术发明奖二等奖	夏热冬冷地区建筑冷热湿一体化高效处理技术与装备	张小松	殷勇高	梁彩华	李舒宏	徐国英
			庄　嵘				
	国家科技进步奖二等奖	混凝土裂缝分龄期防治新材料和新技术及其应用	钱春香	钱觉时	蒋亚清	孙　伟	麻秀星
			王瑞兴	高桂波	郭景强	叶德平	李　敏
	国家科技进步奖二等奖	长大跨桥梁结构状态评估关键技术与应用	李爱群	郭　彤	张宇峰	李兆霞	王春生
			王　浩	何旭辉	江祥林	梁新政	王　莹
2014	国家科学技术进步奖一等奖	现代预应力混凝土结构关键技术创新与应用	吕志涛	薛伟辰	蒋立红	张喜刚	冯大斌
			孟少平	朱万旭	程建军	苏如春	贺志启
			潘钻峰	王景全	刘　钊	郭正兴	冯　健
	国家自然科学奖二等奖	新型人工电磁媒质对电磁波的调控研究	崔铁军	马慧锋	蒋卫祥	程　强	
	国家技术发明奖二等奖	高稳定高耗散减振材料制备关键技术与装置开发及工程应用	徐赵东	龚兴龙	韩玉林	费树岷	杨建刚
			王鲁钧				
	国家科技进步奖二等奖	超高性能混凝土抗爆材料成套制备技术、结构设计及其应用	孙　伟	方　秦	刘加平	张云升	刘建忠
			戎志丹	吴　昊	周华新	秦鸿根	陈惠苏
	国家科技进步奖二等奖	服务三农的安全可信金融电子交易关键技术和应用	时龙兴	杨　军	李　杰	王　超	卜爱国
			曹　鹏	胡　晨	田有东	单伟伟	刘新宁
2016	国家科技进步奖二等奖	基于磁共振成像的多模态分子影像与功能影像的研究与应用	滕皋军	居胜红	王毅翔	顾　宁	焦　蕴
			刘　刚	张洪英	张　宇	柳东芳	
	国家技术发明奖二等奖	强容错宽调速永磁无刷电机关键技术及应用	程　明	朱孝勇	花　为	全　力	鲍文光
			曹瑞武				
	国家自然科学奖二等奖	微波毫米波新型基片集成类导波结构及器件	洪　伟	郝张成	许　锋	罗国清	陈继新
2017	国家自然科学奖二等奖	新型分子基铁电体的基础研究	熊仁根	叶　琼	付大伟	张　闻	
	国家技术发明奖二等奖	土木工程结构区域分布光纤传感与健康监测关键技术	吴智深	张　建	孙　安	李素贞	张宇峰
			张　浩				
	国家技术发明奖二等奖	人机交互遥操作机器人的力觉感知与反馈技术	宋爱国	宋光明	李会军	崔建伟	胡成威
			徐宝国				
	国家科技进步奖二等奖	工业智能超声检测理论与应用关键技术	丁　辉	束国刚	李　明	李晓红	张　俊
			陈怀东	吕天明	马官兵	赵兴群	马庆增

续表

获奖年度	获奖等级	项目名称	主要完成人				
2018	国家自然科学奖二等奖	新型微波超材料对空间波和表面等离激元波的自由调控或实时调控	崔铁军	沈晓鹏	蒋卫祥	程 强	马慧锋
	国家自然科学奖二等奖	摩擦界面的声子传递理论与能量耗散模型	陈云飞	杨决宽	倪中华	毕可东	魏志勇
	国家科技进步奖二等奖	城市多模式公交网络协同设计与智能服务关键技术及应用	王 炜 杨 敏	刘 攀 胡晓健	孙正良 殷广涛	汪 林 刘冬梅	王 昊 徐 棱
	国家科技进步奖二等奖	土地调查监测空地一体化技术开发与装备研制	王 庆 胡明星	李 钢 尹鹏程	张小国 王云帆	顾和和 谭 靖	孙 杰 马 超
	国家科技进步奖二等奖	略	方世良 严 琪	王晓燕 姚 帅	罗昕炜 梅启勇	胡 兵 王 伟	安 良 孙承光
2019	国家技术发明奖二等奖	深基础自平衡法承载力测试成套技术开发及应用	龚维明 高文生	戴国亮	易教良	施 峰	薛国亚
	国家科技进步奖二等奖	高性能 MEMS 器件设计与制造关键技术及应用	黄庆安 黄见秋	周再发 李伟华	聂 萌 唐洁影	徐 波 朱 真	夏长奉 王 磊
	国家科技进步奖二等奖	现代混凝土开裂风险评估与收缩裂缝控制关键技术	刘加平 李 华	田 倩 张守治	王育江 王文彬	李 磊 王 瑞	姚 婷 高南箫
	国家科技进步奖二等奖	混凝土结构非接触式检测评估与高效加固修复关键技术	吴 刚 刘 钊	何小元 王春林	魏 洋 谢正元	蒋剑彪 李金涛	窦勇芝 田永丁
2020	国家科技进步奖一等奖	中国城镇建筑遗产多尺度保护理论、关键技术及应用	王建国 淳 庆 董 卫	崔 愷 周 乾 穆保岗	赵中枢 傅大放 张云升	朱光亚 陈富龙 张 晖	陈 薇 丁志强 李新建
	国家技术发明奖二等奖	高压智能功率驱动芯片设计及制备的关键技术与应用	孙伟锋 朱袁正	刘斯扬	祝 靖	苏 巍	易扬波
2023	国家自然科学奖二等奖	分子压电体的铁电化学设计	熊仁根	游雨蒙	廖伟强	汤渊源	叶恒云
	国家技术发明奖二等奖	CMOS 毫米波大规模集成平板相控阵技术及产业化	尤肖虎 黄永明	赵涤燹	由 镭	陈智慧	杨之诚
	国家科学技术进步奖二等奖	微波毫米波测试技术与测量仪器	洪 伟 陈向民	蒋政波 王洪博	张念祖 郝张成	田 玲 陈 鹏	王海明 于 磊
	国家科学技术进步奖二等奖	严酷服役条件下结构混凝土长寿命设计与多维性能提升关键技术	蒋金洋 许文祥	刘建忠 傅宇方	金祖权 麻 晗	刘志勇 张云升	穆 松 丁庆军
	国家科学技术进步奖二等奖	高速公路交通状态智能感知与主动管控关键技术及应用	刘 攀 李长贵	李 斌 张 胜	孙正良 张纪升	徐铖铖 何勇海	李志斌 张晓元

教育部高等学校科学研究优秀成果奖（人文社会科学）

时间	成果名称	级别	成果类型	获奖人
第三届 （2003）	中国伦理精神的现代建构	三等奖	著作奖	樊和平
第四届 （2006）	艺术辩证法	二等奖	著作奖	姜耕玉
	当代西方建筑美学	三等奖	著作奖	万书元
	文明与繁荣——中外城市经济发展环境比较研究	三等奖	著作奖	徐康宁等
第五届 （2009）	道德形而上学体系的精神哲学基础	二等奖	著作奖	樊和平
	裁量基准的正当性问题研究	二等奖	论文奖	周佑勇
	中国艺术史纲（上、下）	二等奖	著作奖	张　燕
	自然资源丰裕程度与经济发展水平关系的研究	三等奖	论文奖	徐康宁　王　剑
	冲突与协调——科学合理性新论	三等奖	著作奖	马　雷
第六届 （2013）	实质刑法观	一等奖	著作奖	刘艳红
	经济审美化研究	二等奖	著作奖	凌继尧　张晓刚
	中国伦理道德报告	三等奖	著作奖	樊和平等
	中西比较美术学	三等奖	著作奖	李倍雷　郝　云
	人的精神生活质量研究——小康社会进程中人的发展图景	三等奖	著作奖	廖小琴
第七届 （2015）	金融市场中传染风险建模与分析	二等奖	著作奖	何建敏　李宏伟 周　伟
	中国艺术批评史	二等奖	著作奖	凌继尧　张爱红 张晓刚　黄桂娥
	行政处罚上的空白要件及其补充规则	二等奖	论文奖	熊樟林
	中国生命伦理学的"问题域"还原	三等奖	论文奖	田海平
	民俗艺术学	三等奖	著作奖	陶思炎
	明杂剧通论	三等奖	著作奖	徐子方
	欧盟单一市场政策调整对我国商品出口的影响及对策研究	三等奖	著作奖	陈淑梅
	Models for Effective Deployment and Redistribution of Bicycles within Public Bicycle-Sharing Systems	三等奖	论文奖	舒　嘉等
	论社会权的经济发展价值	三等奖	论文奖	龚向和
	犯罪构成体系的价值评价：从存在论走向规范论	三等奖	论文奖	欧阳本祺
	刑法之适应性：刑事法治的实践逻辑	三等奖	著作奖	周少华

时间	成果名称	级别	成果类型	获奖人
第八届（2020）	伦理道德的精神哲学形态	一等奖	著作奖	樊和平
	行政裁量基准研究	一等奖	著作奖	周佑勇
	空间叙事研究	二等奖	著作奖	龙迪勇
	世界艺术史纲	二等奖	著作奖	徐子方
	髹饰录与东亚漆艺——传统髹饰工艺体系研究	二等奖	著作奖	张　燕
	政府会计概念框架论	二等奖	著作奖	陈志斌
	中国经济增长的真实性：基于全球夜间灯光数据的检验	三等奖	论文奖	徐康宁
	流动性与金融系统稳定——传导机制及其监控研究	三等奖	著作奖	刘晓星
	组态视角与定性比较分析(QCA)：管理学研究的一条新道路	青年成果奖	论文奖	杜运周
第九届（2024）	中国墓室壁画史论	二等奖	著作论文奖	汪小洋
	中国宏观经济韧性测度——基于系统性风险的视角	二等奖	著作论文奖	刘晓星
	自然地理约束、土地利用规制与中国住房供给弹性	二等奖	著作论文奖	刘修岩
	行政事业单位财务共享论	二等奖	著作论文奖	陈志斌
	什么样的营商环境生态产生城市高创业活跃度？——基于制度组态的分析	二等奖	著作论文奖	杜运周
	资产与权利：健康数据银行	二等奖	著作论文奖	赵林度
	现代伦理学理论形态	三等奖	著作论文奖	樊和平
	面向"一带一路"建设的外语规划研究	三等奖	著作论文奖	陈美华
	企业正式与非正式互动影响组织适应性研究	三等奖	著作论文奖	吕鸿江
	基于医疗保障制度的农村居民慢性病管理模式研究	三等奖	著作论文奖	代宝珍
	是欣赏艺术，还是欣赏语境？——当代艺术的语境化倾向及反思	青年成果奖	青年成果奖	卢文超
	法益自决权与侵犯公民个人信息罪的司法边界	青年成果奖	青年成果奖	冀洋

截至 2025 年初，我校现有国家级科研平台 21 个，包含全国重点实验室 3 个，依托共建全国重点实验室 5 个，国家工程研究中心 1 个，国家技术创新中心 1 个，依托共建国家技术创新中心 2 个，国家工程技术研究中心 2 个，国家地方联合工程研究中心 3 个等。

东南大学国家级平台（部分）

平台类型	平台名称	负责人	批建部门
国家工程研究中心	大型发电装备安全运行与智能测控国家工程研究中心（原：火电机组振动国家工程研究中心）	邓艾东	国家发改委
国家技术创新中心	国家集成电路设计自动化技术创新中心	黄 如	科技部
国家工程技术研究中心	国家专用集成电路系统工程技术研究中心	杨 军	科技部
	国家预应力工程技术研究中心	吴 京	科技部
国家地方联合工程研究中心	玄武岩纤维生产及应用技术国家地方联合工程研究中心	吴智深	国家发改委
	光传感 / 通信综合网络国家地方联合工程研究中心	孙小菡	
	智慧建造与运维国家地方联合工程研究中心	吴 刚	
国家应用数学中心	江苏国家应用数学中心	曹进德	科技部
国家产教融合平台	介入医学工程国家医学攻关产教融合创新平台	滕皋军	教育部
前沿科学中心	移动信息通信与安全前沿科学中心	张在琛	教育部
国家协同创新中心	无线通信技术协同创新中心	王承祥	教育部

东南大学坚持科学研究面向国民经济主战场，密切结合经济建设、国防建设及社会发展需要，以国家重大项目为载体，形成了若干个具有特色的应用研究方向，产生了一批重要的科学研究成果。

郭正兴教授团队为"中国天眼"（500 米口径球面射电望远镜，简称 FAST）项目建设贡献"东大智慧"

段进院士主持雄安新区起步区规划设计系列

东大交通运输工程学科参与了世界级工程港珠澳大桥的建设

　　东南大学服务于国家重大战略需求，其科研成果泡沫铝吸能部件、空间站航天员在轨操作力测量传感器与测量设备、CMOS毫米波芯片和超大规模集成相控阵技术三项技术，应用于"神舟五号"以来的飞船、"天宫二号"空间实验室，分别从泡沫铝吸能降低飞船返回舱着陆冲击、测量传感器与测量设备以及通信保障方面，为中国载人航天任务及探月重大工程实施提供了强有力的支撑。图为东大为"天宫二号"实验室研发的"航天员在轨操作力测量系统"

　　紫金山实验室6G关键技术攻关团队勇担使命，勇攀高峰，凝"芯"铸魂，获习近平总书记的勉励与关怀，并荣获第28届"中国青年五四奖章集体"荣誉称号

　　东南大学坚定不移地走与国家和区域经济社会发展相结合的建设道路，主动服务社会，加强校企、校地合作，积极促进科技成果转化，推动产业转型升级，以合作求发展，以科技报国家。近年来，学校围绕新一代信息通信、集成电路、新材料、海洋产业、先进制造、生物医药等重点领域，布局建设多个校企联合研发中心、产业技术研究院、创新中心及技术转移中心等，为"万亿之城"建设注入新动能、培育新优势。

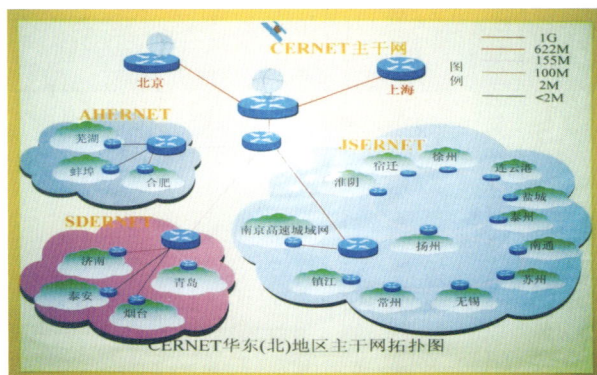

1994 年，"中国教育和科研计算机网"（简称 CERNET）示范工程正式启动，东南大学是主干网第一批地区网点单位。作为地区网络中心，负责承担中国教育和科研计算机网（CERNET）华东（北）地区网络中心的建设任务，为江苏、山东、安徽等地区的教育科研单位提供 IPv4/IPv6 接入服务

1995—1996 年，以"金坛模式"为代表，东南大学与地方政府合作共建办学，在主动为地方经济社会发展服务的同时，多渠道筹资推动学校建设的发展。图为 1996 年 10 月 22 日，东南大学浦口校区金坛院奠基典礼

为进一步加快高新科技成果转化，东南大学加强与地方政府及企业的合作。在2000年首届科技成果展示暨合作洽谈会的基础上，学校正式启动"科技大篷车"科技成果巡回展工作，帮助企业解决难题，受到热烈欢迎

2001年5月，东南大学科技园被国家科技部和教育部认定为首批授牌的国家级大学科技园。2022年，东南大学入选科技部、教育部首批未来产业科技园建设试点单位

东南大学牵头组建的国家集成电路设计自动化技术创新中心是我国集成电路设计领域第一个国家技术创新中心，是江苏省由高校牵头建设的第一家领域类国家技术创新中心

东南大学提高政治站位，强化责任担当，精心谋划，整合资源，积极推进，助力云南南华县如期退出贫困县，推进乡村振兴。

2021 年 10 月 19 日至 20 日，东南大学定点帮扶工作领导小组组长、党委书记左惟（左二）赴云南省楚雄州南华县调研，研究落实乡村振兴帮扶工作

学校面向社会办教育，早在 1980 年就恢复夜大教育，1986 年正式成立成人教育学院，2004 年由原远程教育学院、成人教育学院、职业技术教育学院合并组建继续教育学院。继续教育成为学校服务社会的重要桥梁和构建国家终身教育体系和学习型社会的主力军。

2021 年 12 月，东大继续教育学院组织南京市干部高校专题培训

四、学科攀升　逐梦一流

　　东南大学抓住机遇，1995 年顺利通过国家教委和省政府组织的"211工程"部门预审，入选首批"211工程"重点建设高校。2001 年 2 月，教育部和江苏省人民政府签订了"关于重点共建东南大学的决定"，东大正式进入"985工程"重点建设高校的行列。2017 年，教育部、财政部、国家发展改革委公布世界一流大学和一流学科（简称"双一流"）建设高校及建设学科名单，东南大学入选世界一流大学建设 A 类高校名单。

　　学术是大学之魂，中国特色世界一流大学应展现出其与服务国家、引领未来、造福人类相契合、相适配的学术抱负、学术能力、学术责任与学术气魄，这也是东南大学建设"有使命、有情怀、有格局、有品质"的"四有"大学的根本追求。东南大学坚定不移地走以创新为主导的研究型大学发展道路，根据国家发展战略需要和社会经济发展需求，围绕一流大学建设目标，充分发挥工科优势，走"精而强""扬长补短"的学科发展之路；优先发展重点学科，瞄准学术前沿，努力打造有国际竞争

2001 年，东南大学"211工程"一期验收

2001 年 2 月 12 日，教育部和江苏省人民政府在南京签署协议，决定共同重点建设东南大学。右一为顾冠群校长、左一为胡凌云书记

力的"高峰"学科；大力发展理科、人文社会学科和医科，鼓励集成创新、交叉融合，发展新兴交叉学科。

新时期，东大持续优化"强优精特①、提升新兴、强化交叉"的学科布局，涵盖哲学、经济学、法学、教育学、文学、历史学、理学、工学、医学、管理学、艺术学、交叉学科，形成了一个以工科为特色，多学科相互支撑、良性互动的学科生态。截至 2025 年初，学校设有 38 个院系、85 个本科专业，有 44 个博士学位一级学科授权点、53 个硕士一级学科授权点，有 12 个博士专业学位授权点类别、32 个硕士专业学位授权点类别。

在第一轮（2004 年）和第二轮（2009 年）学科评估中，东南大学均有 11 个学科进入全国前十位；在 2012 年第三轮学科评估中，有 12 个学科进入全国前十位；在第四轮学科评估中，有 12 个学科进入 A 类；在第五轮学科评估中，学校也取得了骄人的成绩。

---

① 强势工科、优势理科、精品文科、特色医科。

2017 年全国第四轮学科评估结果①

评估结果	学科名称
A+	建筑学
	土木工程
	交通运输工程
	生物医学工程
	艺术学理论
A	电子科学与技术
A–	仪器科学与技术
	信息与通信工程
	控制科学与工程
	城乡规划学
	风景园林学
	管理科学与工程

入选"双一流"建设学科名单

学科名称
机械工程
材料科学与工程
电子科学与技术
信息与通信工程
控制科学与工程
计算机科学与技术
建筑学
土木工程
交通运输工程
生物医学工程
风景园林学
艺术学理论

ESI 学科排名世界前 1%②

学科名称
工程科学
计算机科学
数学
材料科学
化学
物理学
生物与生物化学
药理学及毒理学
神经科学与行为学
临床医学
一般社会科学
环境 / 生态学
分子生物与遗传学
地球科学
免疫学
精神病学 / 心理学
农业科学

2024 年 6 月 6 日,东南大学隆重举行 2024 学术年发展大会。图为左惟书记(右一)、黄如校长(左一)为首批"东南大学学科交叉青年特支计划"10 个团队代表颁发证书

① 前 2%(或前 2 名)为 A+ 档;2%—5% 为 A 档;5%—10% 为 A- 档
② 截至 2024 年 11 月,农业科学首次进入 ESI 排名前 1%,工程科学、计算机科学两个学科保持 ESI 排名前万分之一,工程科学、计算机科学、材料科学、化学四个学科保持 ESI 排名前千分之一。

东大机械工程学科依托机械工程学院，设有一级学科硕博士学位授权点，是国家"双一流"建设学科。学科围绕科学设计、机械制造、机械电子、智能制造等共性基础学科方向，以及医学装备、车辆工程、机器人、航空航天等产业需求方向，开展科研工作，取得了一系列成果。

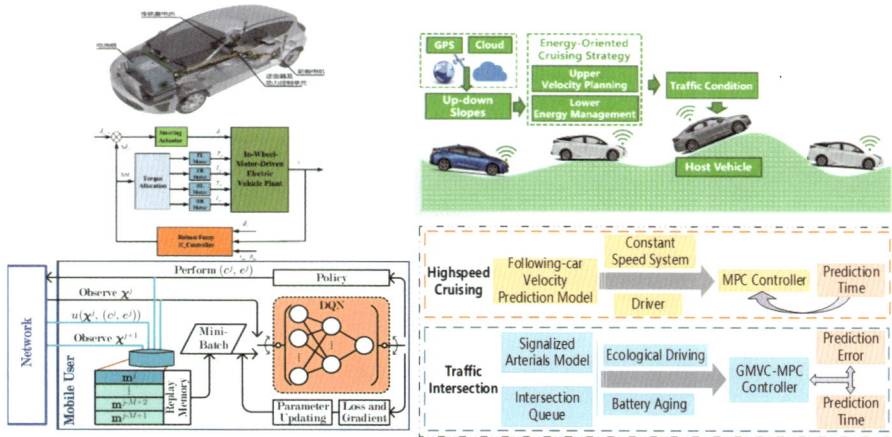

机械工程学科形成了高端医疗装备设计与制造、新能源与智能网联汽车等特色研究方向，牵头获得多项国家及省部级奖励

光学工程学科依托电子科学与工程学院，为江苏省重点学科，建有江苏省光通信与光感知芯片技术工程研究中心和江苏省信息显示工程技术研究中心。学科涵盖了先进光子学材料、光通信与集成光学技术、生物光探测与传感、光显示科学与技术等方向的研究和技术研发，取得了相关成果。

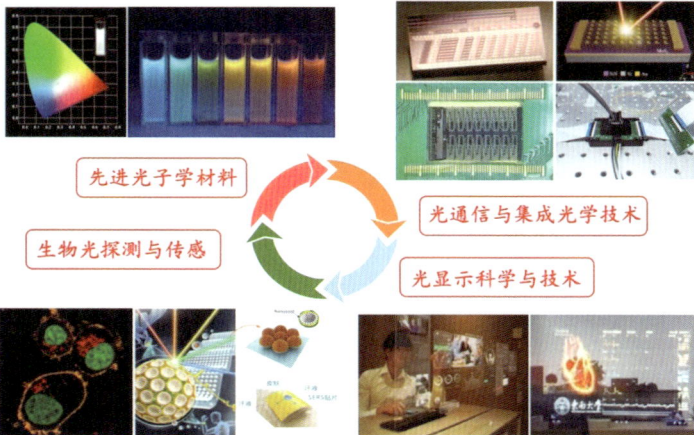

光学工程学科开发了国际领先的高性能光电集成芯片、智能生物感知芯片、新型显示与视觉感知技术等

仪器科学与技术学科依托仪器科学与工程学院，建有全国首批仪器科学与技术一级学科博士、硕士学位授权点和博士后流动站，为江苏省一级重点学科、江苏省优势学科，在全国学科评估中获评 A。学科坚持"四个面向"的战略导向，科研特色显著，为我国舰船导航技术、硅微惯性仪表技术、海洋与空间探测技术、卫星定位与土地测量技术、遥操作机器人技术、康复助残机器人技术的发展作出了重要贡献。

宋爱国教授团队成功研制人机交互遥操作的关键支撑设备，为"嫦娥三号"月面巡视器遥操作任务和卫星在轨服务机器人遥操作任务提供了技术与设备保障

材料科学与工程学科依托材料科学与工程学院，设有材料科学与工程一级学科博士点和博士后流动站，连续入选国家"双一流学科"建设名单，进入 ESI 学科排名前 1‰。学科围绕国家重大战略和世界科技前沿，以土木工程材料、金属材料、功能材料研发为发展方向，以重大工程为重点，进行科研攻关，高性能混凝土、超高强度钢丝等科研成果已跻身世界前列，为国民经济建设作出了重要贡献。

材料科学与工程学科参与了三峡大坝、跨江海大桥、隧道等重大工程中与混凝土相关的基础研究，作出了重要贡献

　　动力工程及工程热物理、环境工程学科依托能源与环境学院。动力工程及工程热物理为全国重点学科、江苏省优势学科，在生物能源、煤炭清洁低碳利用、智慧能源、低碳建筑等方向开展特色研究。环境与生态学 ESI 排名全球前 1%，为江苏省优势学科，在低碳水处理与新污染物控制、大气污染物控制与碳补集利用、固体废弃物资源化及碳污协同控制等学科特色研究方向进展显著，取得了创新性突破。

能源与环境学院在能源动力与环境保护等领域开展了前沿性创新性研究，积极投入"碳达峰、碳中和"事业

强容错宽调速永磁无刷电机

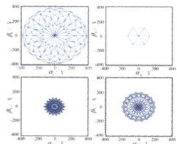

多相永磁电机空间电压矢量控制

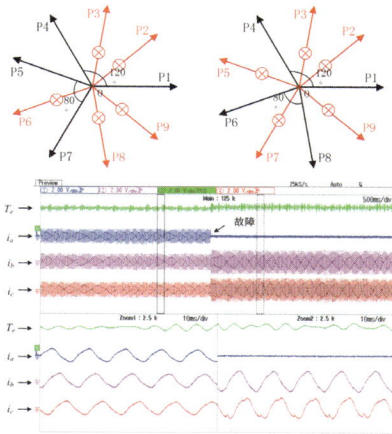

多相永磁电机故障状态下容错控制

程明教授团队长期从事微特电机及测控系统、电动车驱动控制、新能源发电技术等研究

　　电气工程学科依托电气工程学院，为江苏省优势学科、江苏省一级重点学科和江苏省一级学科国家重点学科培育建设点。电气工程学院设有电气工程一级学科博士、硕士学位授权点，是中国一流电气人才和创新成果的重要培育基地之一，在国内外电气工程领域具有较高的学术声誉。

电子科学与技术学科依托信息科学与工程和电子科学与工程学院，是我国最早的电子信息领域学科之一，研究方向门类齐全，一级学科电子科学与技术及 4 个二级学科都具有硕士和博士学位授权点。拥有毫米波全国重点实验室等 12 个国家和省部级科研基地，是国家"双一流"建设学科，学科评估结果 A+。师资力量雄厚，在科学研究、产学研、技术成果转化等方面都取得了诸多重大突破。

洪伟教授团队在微波毫米波新型基片集成类导波结构及器件领域作出了一系列原创性贡献

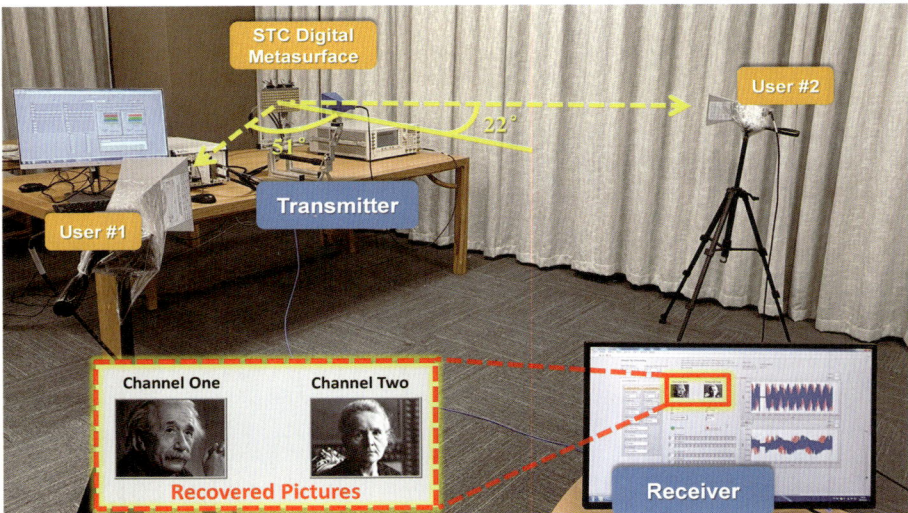

崔铁军院士团队的研究成果"新型人工电磁媒质对电磁波的调控研究"和"新型微波超材料对空间波和表面等离激元波的自由调控或实时调控"先后荣获国家自然科学奖、国际基础科学大会"前沿科学奖"。"信息超材料与系统"研究项目入选 2021 年度"中国高等学校十大科技进展"。图为信息超材料空分和频分复用新体制无线通信

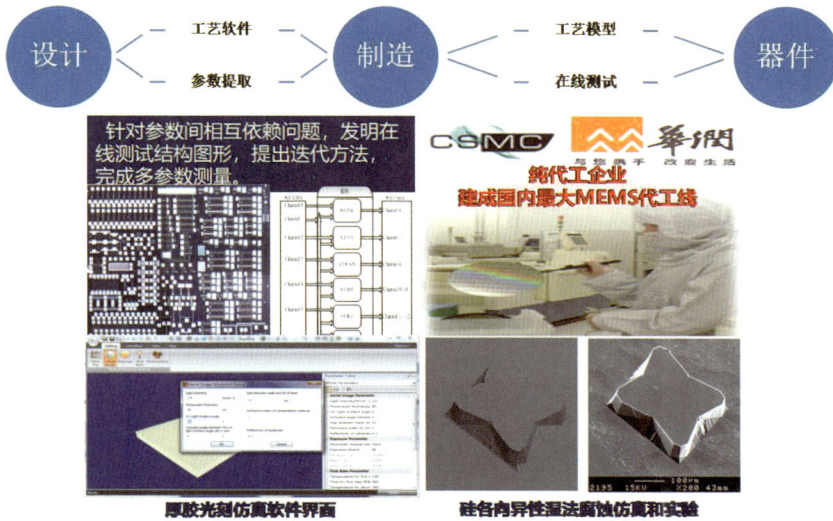

针对参数间相互依赖问题，发明在线测试结构图形，提出迭代方法，完成多参数测量。

纯代工企业
建成国内最大MEMS代工线

厚胶光刻仿真软件界面　　硅各向异性湿法腐蚀仿真和实验

黄庆安教授团队的研究成果"高性能 MEMS 器件设计与制造关键技术及应用"

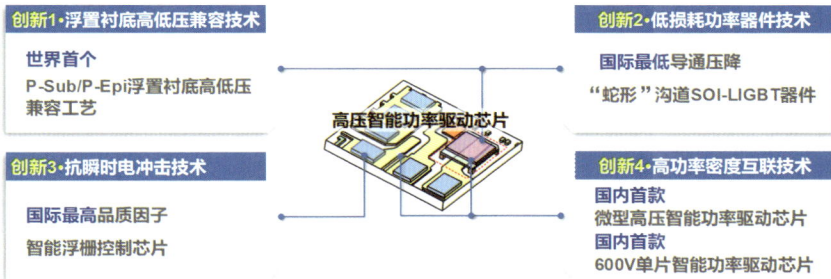

创新1·浮置衬底高低压兼容技术

世界首个
P-Sub/P-Epi浮置衬底高低压
兼容工艺

创新2·低损耗功率器件技术

国际最低导通压降
"蛇形"沟道SOI-LIGBT器件

高压智能功率驱动芯片

创新3·抗瞬时电冲击技术

国际最高品质因子
智能浮栅控制芯片

创新4·高功率密度互联技术

国内首款
微型高压智能功率驱动芯片
国内首款
600V单片智能功率驱动芯片

孙伟锋教授团队的研究成果"高压智能功率驱动芯片设计及制备的关键技术与应用"

　　信息与通信工程学科依托信息科学与工程学院，是国家重点学科，是全国首批博士学位授权点。学科注重对标国际先进科研理念，通过引进国际一流师资，聚集了一大批国内外领军人才，形成了代表国家最高水平的无线通信研发平台，牵头承担了移动通信领域一系列国家级重大科研项目，在人才培养、国际化办学、科学研究、社会服务等方面都取得了突出成果，为我国移动通信技术的发展作出了突出贡献。

尤肖虎院士带领高西奇、赵春明、潘志文等团队科研人员完成的"宽带移动通信容量逼近传输技术及产业化应用"项目荣获 2011 年度国家科学技术发明一等奖，为我国移动通信事业（4G、5G）发展作出突出贡献

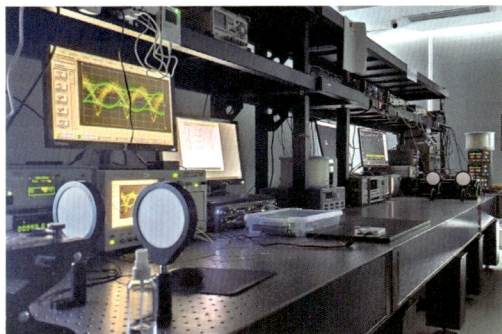

206Gbps 光载太赫兹实时无线传输系统

6G 无蜂窝实验系统

　　控制科学与工程学科依托自动化学院，是国家"双一流"建设学科，在两轮全国学科评估中评为 A 类。设有控制科学与工程一级学科硕士博士学位授权点、博士后流动站和长江学者特聘教授岗位。其中，二级学科控制理论与控制工程为国家重点学科。学科围绕智能机器人、工业控制、人工智能等领域重点开展科技攻关，为国家重大战略需求提供技术支撑与智力支持。

自动化学院等院系参与研发了我国第一台自主研发的"南极冰穹A科考支撑平台"，突破了高原极寒地区无人值守自动天文观测站电源保障的关键技术，东大师生多次奔赴南极执行科考任务

计算机科学与技术、软件工程学科依托计算机科学与工程学院、软件学院、人工智能学院，设有一级学科硕士博士学位授权点、电子信息硕博专业学位授权点，计算机应用技术为国家重点学科，计算机科学与技术入选国家"双一流"建设学科，建有"计算机网络和信息集成""新一代人工智能技术与交叉应用"教育部重点实验室等多个科研平台，在高层次国际交流、与国际知名大学和科研机构开展合作等方面实现了重要突破。

计算机科学与工程学院在计算机网络、云计算与大数据、人工智能等领域成绩斐然，为诺贝尔奖获得者丁肇中（右二）领导的AMS实验作出突出贡献，并取得一系列具有国际水平的研究成果

网络空间安全学科是全国首批网络空间安全一级学科博士学位授权点，江苏省重点学科，在学科评估中位列 A 类学科。东南大学是首批教育部、中央网信办联合授牌的"一流网络安全学院建设示范项目高校"，网络空间安全学院在芯片安全、无线通信网安全、计算机网络安全、内容安全、网络空间治理等方向上实现基础理论突破和实践创新。

建筑学、城乡规划学、风景园林学科依托建筑学院，在学科评估中分别被评为 A+、A、A。建筑学院是我国建筑类专业人才培养和学科建设最重要的基地之一，拥有多位院士，师资力量雄厚，设有建筑类学科最为完整的研究生培养体系，包括 3 个一级学科共 6 个学术/专业博士、硕士学位授权点，一级学科均设博士后流动站。学院坚持科学研究以国家重大战略为导向，面向学科发展前沿，立足本土问题，融通国际经验，取得系列重大成果。

网络空间安全学院师生开展网络攻防演练

南京博物院（程泰宁设计）

中国历史研究院（齐康、王建国、张彤联合主持设计）

江苏省园艺博览会主馆（王建国设计）

江苏扬中市滨江公园（成玉宁规划设计）

王建国院士团队牵头的《中国城镇建筑遗产多尺度保护理论、关键技术及应用》项目荣获 2020 年度国家科技进步奖一等奖

土木工程、管理科学与工程、力学学科依托土木工程学院。学院拥有一级学科博士后流动站 3 个、一级学科博士点 3 个、二级学科博士点 12 个、硕士专业 12 个。土木工程学科在教育部两轮学科评估中获评 A+，入选"世界一流学科建设"名单。学科面向国家战略需求和国际科技前沿，结合国家重大工程实践开展应用基础研究，为解决关键科学与技术难题提供技术保障，作出了重要贡献。

吕志涛院士团队的研究成果"现代预应力混凝土结构关键技术创新与应用"项目获得 2014 年度国家科学技术进步奖一等奖

东海大桥海上风电项目，是中国第一个海上风电示范项目，首次采用大直径钢管桩自平衡试验方法，节省工期和造价

苏通大桥主桥基础，世界上最大规模的群桩基础，首次提出了钢混组合变截面桩两种新型结构及其设计方法，建立了大型群桩基础基于性能的设计方法

　　化学、化学工程与技术学科依托化学化工学院，有一级学科硕士、博士学位授权点，建有博士后科研流动站，化学学科进入了 ESI 排名前 1‰。学科瞄准国家战略需求，坚持理工交叉、基础与应用并重的发展理念，开展有组织的科研，在分子铁电和液晶材料领域的研究居国际领先地位。

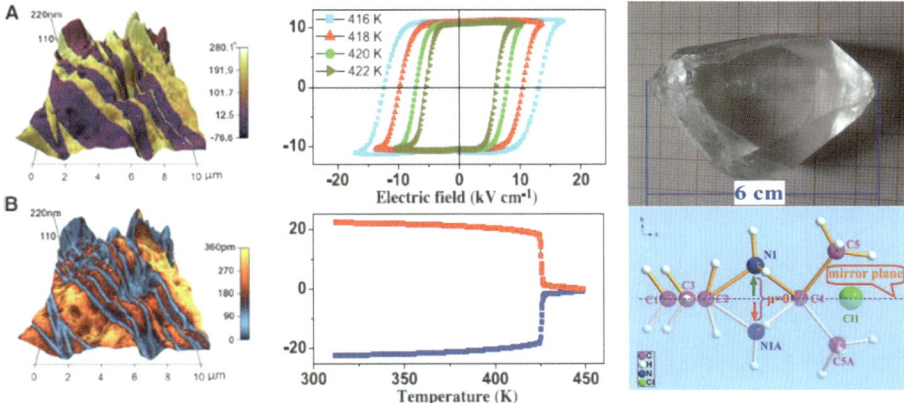

熊仁根院士团队的研究成果"新型分子基铁电体的基础研究"，引领了国际分子铁电科学的研究与发展方向

交通运输工程学科依托交通学院，在连续三轮全国学科评估中并列第一（A+），入选"双一流"建设学科。学科以道路交通为优势特色，涵盖交通系统优化和交通基础设施两大方向，注重学科交叉，布局智慧机场、医工交叉、交能融合、交旅融合等学科生长点，关键技术成果广泛应用于港珠澳大桥等国家重大工程、国家战略发展区域以及一批重点城市的交通发展。2021年，东南大学入选交通运输部"交通强国建设试点"单位。

沪宁高速公路及其拓宽工程

东南大学是国家"畅通工程"专家组组长所在单位，长期致力于解决道路交通的突出问题，以切实提高现代化交通管理水平

南京八卦洲长江大桥

雄安新区高速公路主动交通管控系统

生物医学工程学科是国家重点学科，入选首批国家双一流学科，在历次学科评估中名列前茅。建有国家级实验教学示范中心、国家级工程实践教育中心、数字医学工程全国重点实验室等高层次教学科研平台。拥有2个一级学科硕士学位点、1个一级学科博士点。学科聚焦多学科新兴交叉前沿领域，在新型生物医学材料、器件及医疗仪器设备研制方面取得了重大突破。

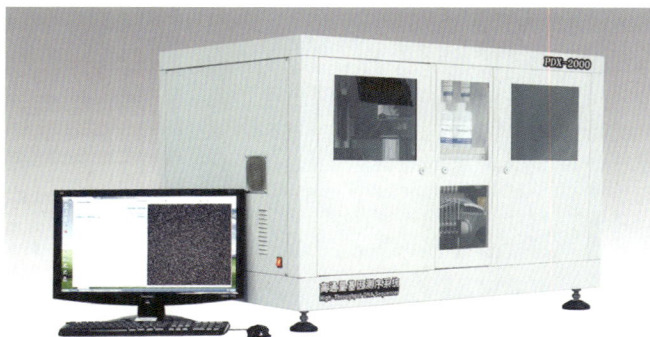

陆祖宏教授团队研发了我国首台具有多项自主知识产权的新一代高通量DNA测序系统，包含全套的测序仪器、芯片和试剂，能够实现3亿多个DNA短片段的并行测序，拥有十多项国家发明专利

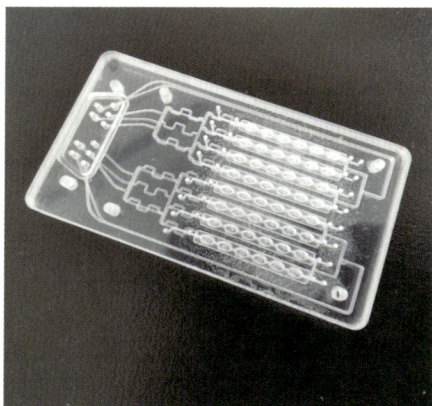

顾忠泽教授团队率先在我国开展人体器官芯片的研究，在芯片的高精度跨尺度三维打印、功能性细胞外支架材料、细胞力成像以及人工智能算法等核心技术上取得突破，成功构建了肿瘤、皮肤、心脏、血管、类脑等多种器官芯片用于新药筛选和个性化诊疗，研究项目入选2023年度"中国生命科学十大进展"

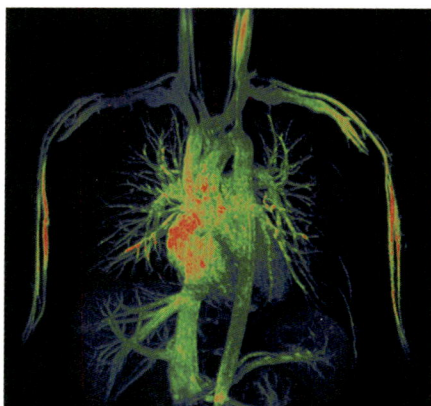

顾宁院士团队创制出医学智能铁基纳米材料，获批弛豫率国家标准物质、纳米酶活测定方法国家标准，研制出无机纳米材料药物，是国内目前唯一获准临床研究，实现了磁性纳米氧化铁造影剂（瑞存）磁共振血管造影增强多中心临床研究

数学和系统科学学科依托数学学院和统计与数据科学学院，设有一级学科博士点，为江苏省优势学科，并设统计学学术学位硕士点和应用统计专业学位硕士点。学科师资力量雄厚、教学科研并重、科研平台优异、多学科全面发展，在基础数学、运筹优化、科学计算、AI大模型与数据科学、控制理论等方面的科学研究中取得了显著进展。

重要获奖

- 全国创新争先奖1项
- 国家自然科学二等奖2项(参与)
- 省科学技术奖一等奖1项
- 国家一级学会一等奖2项
- 教育部自然科学二等奖6项
- 俄罗斯自然科学院发展贡献奖、金质奖章，Obada奖

承担项目

- 国家重点研发计划3项("'科技创新2030'"新一代人工智能重大项目、变革性技术、政府间合作)
- 国家自然科学基金重点项目3项(含联合重点)
- 国家级人才、青年人才项目10余项
- JKW国防创新项目特区及重点项目20余项
- 装备预研教育部联合基金3项
- 与华为、国网电力等企业横向项目20余项

交叉平台

- 紫金山实验室数理基础研究中心-信息数学
- 华为-东南大学网络群体智能联合创新实验室

学科情况

- 第五轮学科评估数学学科A-
- 数学学科2022年软科中国排名位列前5%
- 数学学科2023年泰晤士排名为A
- 系统科学学科2024年软科中国排名位列全国第2
- 华为-系统科学应用转型优势学科
- 数学、系统科学博士后流动站

数学学科ESI排名持续进入全国前10名，教学科研并重，突破不断

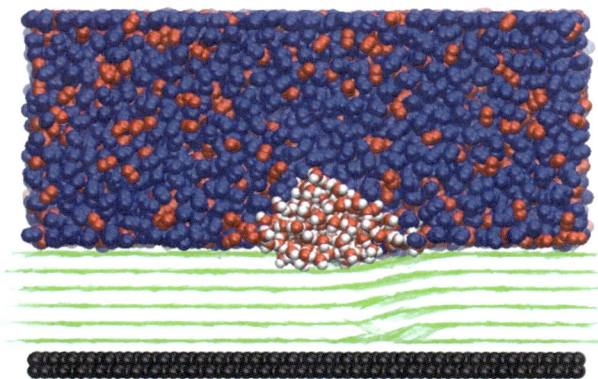

物理学依托物理学院，设有一级学科硕博士学位授权点，并设有博士后科研流动站，已进入ESI国际排名的前1%。学科以研究物质和运动规律为基础，充分发挥支撑现代工科前沿的作用。在人才培养和教学改革方面成绩显著，应用物理学专业入选国家级一流本科专

物理学院积极开展科学研究，王金兰教授课题组在二维材料领域取得重要进展

业点，获批教育部基础学科拔尖计划 2.0 基地，三门课程入选国家级一流课程。

生物学依托生命科学与技术学院，设有一级学科博士点及生物与医药专业学位博士点，设有发育与疾病相关基因教育部重点实验室，聚焦脑科学和神经精神疾病发病机制、干细胞的基础与应用、发育疾病的遗传调控与临床转化等领域的研究，取得丰硕成果。

生命科学与技术学院以"神经系统疾病"为主攻领域，在"分子—细胞—整体动物"不同层面开展研究，近五年发表了一批高水平论文

人文学院拥有哲学、公共管理 2 个一级学科博士学位授权点，哲学、社会学、心理学、中国语言文学、公共管理、中国史 6 个一级学科硕士学位授权点和公共管理硕士（MPA）、汉语国际教育硕士、社会工作硕士、应用心理硕士 4 个专业学位授权点。学院设有哲学、公共管理学 2 个博士后流动站，"科技伦理与艺术"国家"985"哲学社会科学创新基地及江苏省首批重点高端智库"道德发展智库"等，形成了多学科并存、学科交叉融合的发展特色。其中，哲学为江苏省优势学科，入选基础学科拔尖人才培养基地，获批国家级一流本科专业建设点和教育部强基计划，伦理学是教育部"101 计划"伦理学牵头单位。

人文学院樊和平教授领衔的伦理学学科形成了以道德哲学、科技伦理、重大应用为三元色，思辨研究—实证研究—实验研究三体贯通的"东大伦理"气象

中国语言文学学科王步高教授领衔的"大学语文教学改革的理论与实践"荣获 2005 年国家级教学成果奖二等奖

经济管理学院拥有管理科学与工程、应用经济学、工商管理、数字经济与管理 4 个一级学科博士点，前三个学科连续四期入选江苏高校优势学科建设工程。其中，管理科学与工程是 A 类学科，学科评估位列 A-（全国前 10%），应用经济学和工商管理达到 B+（全国前 20%）水平。学院设有管理科学与工程、应用经济学、工商管理 3 个一级学科博士后流动站，学科结构合理，形成了具有一定国际影响力的学

经济学与管理学学科建设成绩显著，在全国第四轮学科评估中，管理科学与工程一级学科获评 A-。图为 2017 年经济管理学院建院 30 周年暨东南大学商科创建百年学术文化活动

科优势。学院注重数字经济与管理科学的交叉融合，致力于培养数字经济领域急需的紧缺人才和交叉融合的产业领军人才，助力数字经济和数字中国建设。

艺术学院设有全国第一个艺术学博士学位授权点，并设有艺术学博士后流动站，具备从本科、硕士到博士的一整套完善的人才培养体系。艺术学学科在教育部前两轮学科评估中均位处前三，艺术学为国家重点学科，也是全国唯一一个属于艺术学理论的国家重点学科。艺术学理论学科在近三轮学科评估中荣列全国第一，获得 A+，为国家"双一流"建设学科。学院主持的古琴传承为第一批中华优秀传统文化传承基地，并联合建筑学院建设国家级智库"东南大学中华民族视觉形象研究基地"。

艺术学科相关研究成果

张道一教授
艺术学理论学科创始人

外国语学院拥有外国语言文学一级学科博士点、博士后科研流动站和一级学科硕士点，形成了以外国语言学及应用语言学、外国文学、翻译学为传统优势，以区域国别研究为创新发展的四大学科方向。外国语言文学为江苏省重点学科（A 类）。学院注重复合型人才培养，设有国家级一流本科课程，是国家级大学外语教学改革示范点，在教学科研方面取得了突出成绩。

外国语言文学学科在大学英语教学改革和教材建设方面取得突出成绩，其系列成果荣获 2014 年国家级教学成果二等奖、2013 年江苏省教学成果特等奖

　　法学学科依托法学院，设一级学科硕博士学位授权点、法律专业硕士点、法学博士后流动站，为国家级一流本科专业、江苏省优势学科。学院以传统优势学科为基础，依托学校多学科协调发展的特殊优势，在全国法学院校中率先形成了以数字法学、工程法学等交叉学科为特色的新型学科领域，拥有国家人权教育与培训基地（国家级）、人民法院司法大数据研究基地等省部级以上重点研究基地。

法学交叉学科建设成绩显著，围绕数字法学领域的知识创新与科技创新，形成了学术专著、授权专利、软件著作权以及行业标准等一批成果

马克思主义理论学科依托马克思主义学院，设有一级学科硕博士学位授权点、博士后科研流动站，为江苏省重点学科。学院致力于马克思主义理论的教学与研究，设有江苏省首批重点高端智库"中国特色社会主义发展研究院""江苏省习近平新时代中国特色社会主义思想研究中心东南大学基地"等高端平台，围绕国家与地方经济社会文化发展，提供决策咨询、理论宣传服务，充分发挥社会服务功能。

东南大学中国特色社会主义发展研究院是江苏省首批重点打造的9家高端智库之一。图为2017年主办的"新时代中国特色社会主义思想"首届智库论坛

基础医学、临床医学、公共卫生与预防医学学科依托于医学院、公共卫生学院及东南大学附属中大医院，临床医学、生物学与生物化学、药理学与毒理学、神经科学与行为学等学科进入 ESI 学科排名前 1%，设有国家医学攻关产教融合平台和数字医学国家重点实验室等国家级平台。医学院以"宽口径、厚基础、重交叉、国际化"为教育特色，现有基础医学、临床医学和临床医学专业学位等 3 个一级学科博士点和 2 个博士后流动站，5 个一级学科硕士点，2 个一级学科专业学位硕士授权点。公共卫生学院致力于医工交叉创新研究，服务国家战略需求，建有公共卫生与预防医学和公共管理一级学科博士点 2 个，公共卫生硕士学位点 1 个，博士后流动站 1 个。东南大学附属中大医院是国内首批三级甲等医院，重症医学、影像与介入医学等 5 个学科入选国家临床重点专科。

滕皋军院士团队在重大介入治疗领域的研究水平居于国内领先地位，多次荣获国家科学技术进步奖

邱海波教授领导的重症医学在历次重大突发公共事件如"汶川地震""非典""新冠疫情"的重症救护中都发挥了至关重要的引领性作用，作出了重大贡献。图为 2020 年 2 月 11 日，东南大学附属中大医院 6 名重症医学科、呼吸科、感染管理科专家及骨干精英驰援黄石

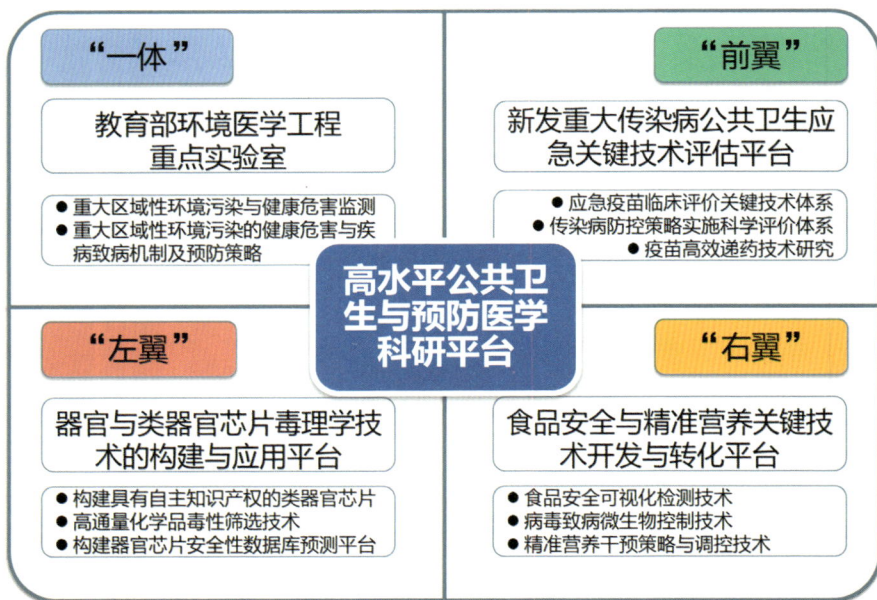

"一体"
教育部环境医学工程重点实验室
● 重大区域性环境污染与健康危害监测
● 重大区域性环境污染的健康危害与疾病致病机制及预防策略

"前翼"
新发重大传染病公共卫生应急关键技术评估平台
● 应急疫苗临床评价关键技术体系
● 传染病防控策略实施科学评价体系
● 疫苗高效递药技术研究

高水平公共卫生与预防医学科研平台

"左翼"
器官与类器官芯片毒理学技术的构建与应用平台
● 构建具有自主知识产权的类器官芯片
● 高通量化学品毒性筛选技术
● 构建器官芯片安全性数据库预测平台

"右翼"
食品安全与精准营养关键技术开发与转化平台
● 食品安全可视化检测技术
● 病毒致病微生物控制技术
● 精准营养干预策略与调控技术

"一体三翼"高水平公共卫生与预防医学科研平台

2024 年 5 月 26 日，东南大学医学与生命科学创新发展大会隆重召开，东南大学医学与生命科学部揭牌，未来将着力构建具有东南大学特色的"大医科"及医工交叉新模式

五、开放办学 日臻化境

东南大学始终坚持国际化办学的强校之路，积极与世界一流大学开展深层次、多方位、实质性合作，在合作办学、学生国际化培养、国际科技合作、留学生教育等方面取得显著成绩，成为我国国际交流与合作最为活跃的高校之一。新时期，东南大学正以"全球高端、实质合作、引领发展"为思路，打造国际合作"卓越伙伴、卓越人才、卓越引智、卓越平台"，构建"全方位、有重点、多层次、宽领域、高水平"的世界一流大学合作网络。

2000年10月23日，东南大学－日本爱知工业大学建立校际交流关系20周年植树纪念，右二为顾冠群校长

2005年12月17日，胡凌云书记（左二）、易红校长（左三）和美国宾夕法尼亚大学做跨国连线专题节目《东西大学之道》，在中央电视台国际频道《让世界了解你》栏目播出

学校与瑞士苏黎世联邦高等工业大学的合作办学长达 30 余年，图为 2011 年两校举行合作纪念
庆典

2012 年 9 月，东南大学 - 蒙纳士大学苏州联合研究生院揭牌，是国内第一个研究生培养层次的
中外合作办学机构

2016年7月，学校聘请著名数学家、美国科学院院士、中国科学院外籍院士、哈佛大学终身教授丘成桐为名誉教授。2017年5月，学校成立东南大学丘成桐中心

2017年5月25日，东南大学发起成立的"中英大学工程教育与研究联盟"是中国与英国合作建立的首个以工程教育与研究为特色的大学联盟

2017 年 11 月 21 日，东南大学建筑国际化示范学院揭牌仪式在春晖堂举行，外籍院长莱瑟·巴罗教授介绍国际化示范学院的工作设想

2018 年 9 月 14 日，东南大学雷恩研究生学院正式揭牌

东南大学围绕碳中和国家战略，创立了"东南大学长三角碳中和战略发展研究院"，牵头组建全球首个聚焦碳中和领域技术发展和人才培养的世界大学联盟。图为 2022 年 5 月 29 日，东南大学与英国伯明翰大学联合举办 2022 国际"碳中和"大学学术会议，黄如（中）校长在开幕式上致辞

　　东南大学于 1978 年正式恢复招收外国留学生，2005 年成立海外教育学院，2014 年入选教育部首批"来华留学示范基地建设高校"，留学生教育进入了快速发展阶段，规模扩大、结构优化、层次提高，学校的国际化水平得到了提升。2024 年，学校国际学生总数达 1901 人，其中学历生 1767 人，占总人数的 92.95%，学历生中研究生人数占 66.89%。

东南大学多次邀请诺贝尔奖获得者来校演讲，给予师生学术方面的高峰体验。图为 2024 年 11 月 13 日，诺贝尔化学奖获得者、被誉为"超分子化学之父"的让－马里·莱恩（Jean-Marie Lehn）教授，为东大师生作题为"通向复杂物质的阶梯：化学"的讲座

学校与白俄罗斯明斯克国立语言大学、美国田纳西大学、美国得克萨斯大学达拉斯分校合作建立了三所"孔子学院"。图为孔子课堂上学生学习如何制作中国剪纸

六、四校合一　再谱新篇

东南大学在中国高等教育体制改革中，抓住机遇，合并重组，优化资源，加快了建设世界一流大学的步伐。

南京能源工程学院创办于 1982 年，原名为"金陵职大热能分校"，1987 年由南京工学院代管，1988 年 10 月经省政府批准，正式并入东南大学，为东南大学南湖分部。后为集中力量建设浦口校区，学校将南湖分部土地与南京建筑工程学校浦口桃园教学基地置换，1989 年 9 月正式撤销南湖分部建制。图为南京能源工程学院与南京工学院联合办学大会，右二为陈万年书记

2000 年 4 月 14 日，经教育部和江苏省人民政府批准，东南大学、南京铁道医学院、南京交通高等专科学校合并，南京地质学校并入，组建新的东南大学。四校合并对东南大学医科的恢复、交通运输等学科的快速发展都起到了重要的作用。

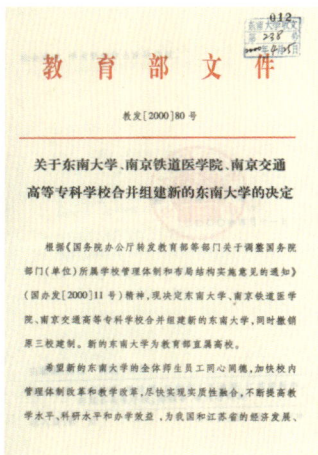

关于东南大学、南京铁道医学院、南京交通高等专科学校合并组建新的东南大学的决定

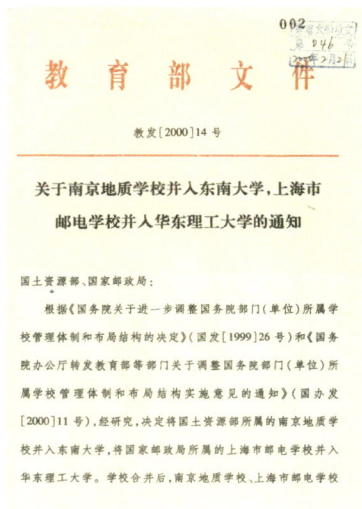

南京地质学校并入东南大学的通知

四校合并大会

南京铁道医学院

　　南京铁道医学院位于原中央大学丁家桥校区医学院旧址。1949年，中央大学医学院更名为国立南京大学医学院，1951年划归中国人民解放军领导，先后改名为华东军区医学院、第三军医学院、第五军医大学。1954年，第五军医大学迁往西安组建第四军医大学，留下的校产、部分教学人员及医护人员和物资器材，与第五、六、七三个军医中学组建第六军医学校，附属医院改编为陆军84医院。1958年，第六军医学校及陆军84医院移交铁道部，分别改名为南京铁道医学院和附属医院，旨在培养高级医学卫生人才，为铁路员工及其家属提供医疗服务。经几十年的发展，学院已成为铁道部重点医学院，是全国铁路系统培养高级医卫人员的重要基地和医疗中心。

南京铁道医学院大门

　　学院坚持"面向铁路，服务社会，办出特色"的办学方针，以本科教育为主，形成了多系科、多层次、多规格、多渠道、多形式的办学模式，设有临床医学、预防医学、医学影像学等6个本科专业，22个硕士学位授权点。其中，遗传学、劳动卫生学和环境卫生学、流行病学和卫生统计学、外科学（普外）为铁道部重点学科，设有医学科学研究所和95个实验室。其中，分子生物学、免疫学、心血管、卫生检测是铁道部开放实验室，为铁路各级医疗卫生单位的科研以及科技人才培养提供支撑。学院注重实践教学，在全国铁路各大中心医院、防疫站和南京市建

立了近30个教学实习点。学院成人继续教育是全国铁路系统唯一的"铁路继续教育医疗卫生基地"。

学院有附属医院9所，直属附属医院是全国铁路医疗中心、江苏省大型综合性医院之一，是全国首批"三级甲等医院"，其泌尿外科、胆胰外科、神经外科、整形外科、神经内科、影像诊断为铁道部重点科室，在介入放射、冠脉搭桥手术、危重病抢救、血液透析治疗及微创手术等方面具有明显特色。

南京铁道医学院本科、研究生学科专业设置（1999年）

系（部）名称		学科专业名称
研究生	基础医学部	生理学、遗传学、生物化学与分子生物学、人体解剖与组织胚胎学、免疫学、病原生物学、病理学与病理生理学
	临床医学部	内科学（含：心血管疾病、血液病、呼吸系病、消化系病） 儿科学 影像医学与核医学 外科学（含：普外、泌尿外、神外、整形） 妇产科学 中医内科学
	预防医学系	流行病与卫生统计学 劳动卫生与环境卫生学
本科		临床医学 医学影像 预防医学 医学检验 医事法学 医疗保险

铁道部分子生物学开放实验室

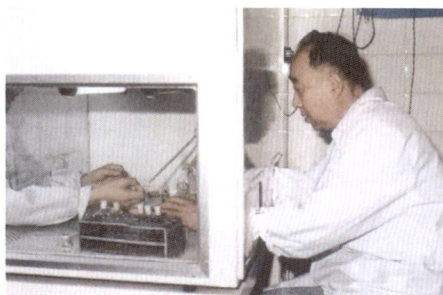

流行病学实验室、铁路艾滋病检测中心

　　学院以教学为中心，不断更新教育观念，优化专业设置，改革教学方法，加强教学实践，提升师资队伍水平，形成了以学术造诣较深的老教授为核心、以中青年骨干教师为主体的师资队伍，学院的教学科研工作取得长足的发展，共有100多人次获得铁道部有突出贡献专家、青年科技拔尖人才等省部级以上表彰。其中，冷永成、陈启光被评为全国优秀教师，黄懋魁教授发明的烧伤补液公式获得全国科技大会奖。至1999年，学院先后获省部级教学成果类奖项11项、国家级科技奖5项、省部级科技奖146项。

医学基础课解剖学理论教学

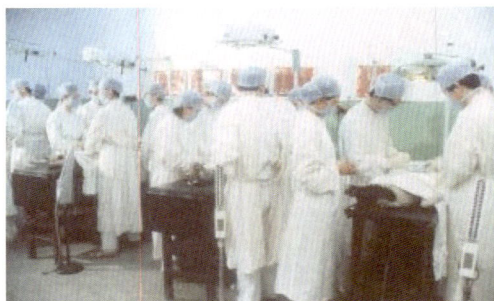

外科基本医疗操作学习

卫生系本科生在秦岭大隧道等地参加铁路建设工程人员健康状况调查的社会实践

吴巍、汪国雄、章庆国的《NTY-300型多功能超声手术装置》获1998年国家科技进步三等奖，图为《NTY-300型多功能超声手术装置》注册成果鉴定会

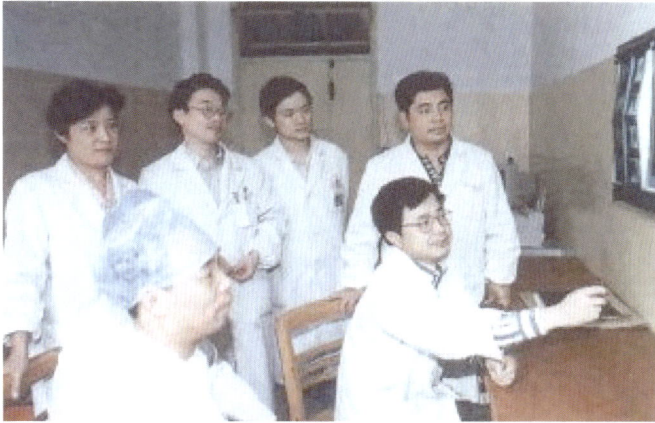

介入放射学科组在椎间盘突出症的介入治疗方面成效显著，多次举办全国性的学习班推广其椎间盘旋切疗法

整形外科在颌面整形等多项技术方面达到当时国内先进水平。史焕瑶教授（左图）赤心报国，受到铁路部门表彰。冷永成主任（右图）在为江苏救火英雄徐庆云精心设计整容手术方案

学院积极开展国际交流与合作，先后与美国、英国、日本、加拿大、新加坡、瑞士、德国等国的医学院校建立了校际联系，与德国乌尔姆大学和日本长崎国立中央病院建立了正式合作与交流关系。

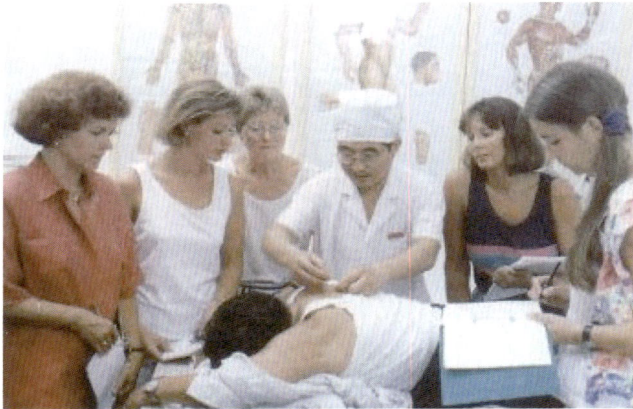

外国医生来学院学习针灸

学院面向基层，为铁路职工提供医疗卫生服务，多次派医疗小分队和科研人员赴现场防病治病。面对地震、洪水、疫情等重大灾害，学院师生义无反顾地奔赴医疗救援的第一线，赢得了社会的广泛赞誉。

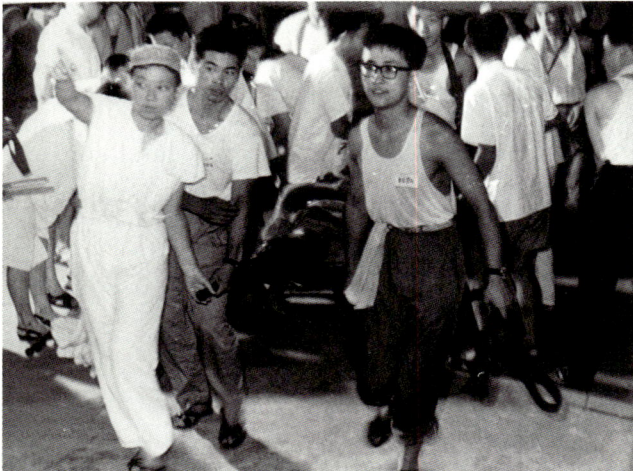

1976年，唐山发生大地震，师生赴灾区救护伤员

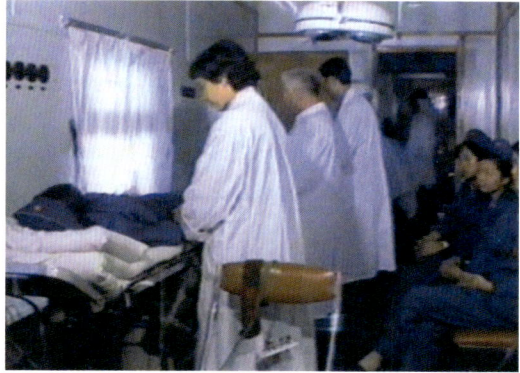

1984 年，学院科研小组在青藏铁路进行
高原生理学研究，沿线为高原铁路职工
和乘客进行身体检查和生理学测定

1998 年，长江及淮河流域发生特大洪水灾害，学院组织医疗队抗洪救灾

　　建院以来，学院共培养了 13 000 多名高级医疗卫生专门人才，他们
遍布全国各地，成为铁路医疗卫生事业的骨干力量，其中有在生命科学
领域取得杰出成就的中国科学院院士杨焕明、贺林、樊嘉、滕皋军和美
国国家发明家科学院院士李嘉强、陈昌义和姚奇志等，有中国政府友谊
奖获得者阮雄中和全国道德模范邱海波等，他们为保障人民身心健康、
促进全国医疗卫生事业的进步与发展作出了积极的贡献。

南京铁道医学院医学系 1982 届毕业留念

1982届毕业留念 1982.12

南京交通高等专科学校

　　为适应新中国交通事业的发展需要，1951 年以培养交通干部为起点建立了交通部干部学校南京分校，1952 年改名南京交通学校，1955 年更名南京公路工程学校，旋于 9 月与杭州土木工程学校合并，名作南京航务工程学校，后又数易其名，1992 年定名南京交通高等专科学校。学校系交通部直属高校，经过不断发展，逐步成为全国培养交通工程一线人才和输出交通工程技术的重要办学基地之一，同时也是全国交通高校中兼具公路监理和水运监理工程师培训资格的两所院校之一。

长江后街校区大门

浦口校区大门

学校以服务交通建设和地方经济发展需要为导向，设有 7 个系部、10 个专业及 19 个专门化，拥有 20 多个实验室、教学实习工厂和众多校内外实习基地，形成了以交通土木工程为主，以港航、路桥为特色，工、管、财、文相结合的专业格局，基本覆盖了交通基础设施建设"修路、造桥、治河、筑港"的专业范围。

学校突出"热爱交通、面向基层"的教育，以"能施工、会管理、懂设计、高素质、下得去、待得住、用得上"为人才培养目标，建立了独立而完整的实践教学体系，培养了大批素质过硬的交通工程应用型高级技术及管理人才。

南京交通高等专科学校专业一览
（1999 年）

港口及航道工程
工程测量
公路与城市道路工程
房屋建筑工程
工程机械制造维修
工程管理
工程造价管理
工程财会
文秘
交通土木工程监理

港航系师生在港口实习

机械系学生在进行金工实习考试

土建系学生在做试验

管理系师生在建筑工地实习

学校拥有一支教学水平高、工程实践能力强的师资队伍，他们努力克服种种困难，积极开展学术研究活动，教学科研获奖不断，先后获省部级教学成果类奖项13项、省部级科技成果奖项3项，18名教师获省部级优秀教师称号。

汽车内燃机原理课程理论教学

"计算机绘图在演变分析中的应用"项目获交通部科技进步三等奖

建校以来，南京交通高等专科学校向社会输送了17 000多名交通工程技术与管理人才。他们活跃在交通战线筑港治河、架桥修路，在青藏公路、洋山港、港珠澳大桥等诸多重大交通工程建设中，在全国交通工作领导与管理中都发挥了重要作用，为我国交通运输事业的飞速发展作出了积极的贡献。1962届校友黄镇东曾长期担任交通部部长。1981届校友林鸣担任港珠澳大桥岛隧工程项目总工程师，2021年当选为中国工程院院士。

南京航务工程专科学校1981届毕业生合影

南京交通高等专科学校管理系1993届毕业生合影

南京地质学校

南京地质学校是地质矿产部所属的国家级重点中等专业学校。经过多年的发展，学校从单一的工科类的地质、测绘学校，发展成为以工为主，工、文、财、管、经等并重，立足行业、面向社会的高等职业教育、中等职业教育和各种函授、培训班相结合的多层次办学的综合性学校。

大石桥 4 号大门

进香河路 35 号大门

南京地质学校专业一览（1999 年）

岩土工程	土地资源开发与管理	涉外财会
宝石与建材	工程测量	财务电算化
企业供电	工程测量与施工	财务与统计
机械设备维修与管理	建设工程勘察	市场营销
机电一体化	印刷技术	餐旅管理
电气设备与安装	建筑装潢	中英文秘书
计算机制图	工业与民用建筑	文秘与驾驶
计算机应用	机械制造	办公自动化技术
土地管理与地籍测量	自动化控制	

　　学校立足培养应用型人才，重视学生实际操作能力的训练，贯彻教学与生产、科研相结合的方针，服务经济和国防建设。为适应社会发展需要，学校持续开展教育教学改革，不断优化专业结构，实行多渠道、多层次、多形式办学方式，培养各类应用型人才。建校以来，学校获地质矿产部、国家测绘局优秀教材奖 6 项，获省部级科研奖励 11 项，10人获省部级先进称号。其中，王文中被国家教委评为先进教师。

学生进行测绘实习

地质专业学生在野外观察玄武岩"石柱林"

地质专业学生实习用品

1993 年《地形测量学》获地质矿产部首届"中等地质学校优秀教材"一等奖

地质馆

　　地质、测绘工作在经济和国防建设中素有"尖兵"之美称。建校50年来，学校始终以祖国建设的需要为己任，为国家培养了 20 000 多名应用型建设人才。他们以扎实的专业基础、务实的工作作风、进取的精神风貌，在各自的岗位上辛勤工作，建功立业，施展才华，取得了骄人的

南京地质学校矿产地质和勘探专业第一届毕业同学留影

业绩。他们在云浮大降坪新的受变质沉积型巨型黄铁矿等全国重要矿藏
资源的发现，在珠穆朗玛峰测量、国家地图的测制等领域发挥了重要作
用，赢得了社会各界的广泛赞誉。原地质矿产部部长宋瑞祥、中国科学
院院士袁道先、莫宣学等，就是他们之中的杰出代表。

1975 年，南京地质学校校友郁期青、薛璋、梁宝根、陆福仁对珠峰进行了国内首次精确测量。
2015 年 7 月 1 日，习近平总书记给国家测绘地理信息局第一大地测量队参加珠峰测量的 6 位老队
员回信，肯定了他们的突出贡献，号召共产党员向他们学习

七、各域纷呈　日新月异

以四牌楼校区为根基，1988年，东南大学越江北上新建浦口校区（1990年正式启用），拓展学校的办学空间，同年还创办了无锡分校（2022年更名无锡校区）。2000年，经四校合并，并入丁家桥校区等分区，学校规模进一步扩充。2006年，九龙湖校区建成，从根本上解决了困扰学校发展的校舍问题，为创建世界一流大学提供了广阔空间。2007年，又在苏州开工建设东南大学苏州研究院，2018年转设为苏州校区。2023年12月24日，东南大学又与南通市人民政府签订战略合作框架协议，加快构筑创新人才引育高地。截至2024年，学校现有六大校区，产权占地面积达5884.64亩，产权校舍建筑面积为1 818 659.71平方米。

东南大学产权校舍面积(1993—2023)

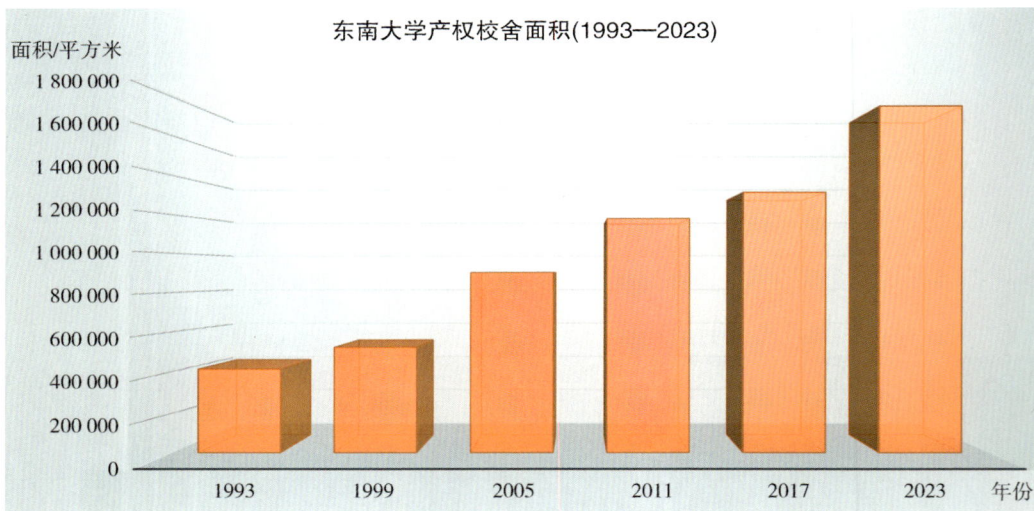

四牌楼校区

四牌楼校区历史悠久，曾是六朝宫苑的遗址，亦是明朝国子监所在地，千百年来，书声不断，学泽绵延。1902年，三江师范学堂创办于此，120多年来，学校几经更迭，数易其名，然四牌楼校区却经岁月洗礼、历史积淀，更显典雅端庄。2006年，四牌楼校区以国立中央大学旧址被列入第六批全国重点文物保护单位，南大门、大礼堂、老图书馆、体育馆、梅庵等九幢建筑为国保建筑实体。2016年，四牌楼校区入选中国文物学会、中国建筑学会联合公布的"首批中国20世纪建筑遗产"名录。

南大门

大礼堂

老图书馆

中大院

健雄院

体育馆

梅庵

工艺实习场（现为校史馆）

九龙湖校区

　　2002 年，学校党委常委会、校长办公会经过认真讨论，做出了全力以赴建设九龙湖主校区的重大决策。2003 年 2 月，东南大学九龙湖新校区拟征 3752 亩的申请获得江苏省及教育部批准。2005 年 3 月 24 日，在九龙湖校区打下的第一根桩，拉开了大规模施工建设的序幕。2005 年 10 月，九龙湖校区暨李文正图书馆开工典礼隆重举行。经过一年多的紧张建设，校区主体建筑落成，2006 年 8 月 8 日，第一批本科生入驻，九龙湖校区正式启用。九龙湖校区位于南京江宁开发区南部的九龙湖畔，东望方山，西眺牛首，地势开阔，环境优美，经数年不断建设，现已成为学校主校区，总建筑面积约 88.1 万平方米。

九龙湖校区规划总平面图（2021 版）

九龙湖校区图书馆及大草坪

焦廷标馆

三江楼

体育馆（左）与游泳馆（中）

九曲桥与图书馆

江北校区（原浦口校区）

江北校区西区大门

江北校区教学楼

江北校区图书馆

丁家桥校区

丁家桥校区大门

东南大学附属中大医院教学医疗综合楼

后勤楼与行政楼

无锡校区

无锡校区大门

无锡校区三江院

苏州校区

苏州校区鸟瞰

苏州校区东蒙大楼

　　东南大学不断加强基础建设，在"211""985"工程建设的支持下，在广大校友和社会各界的关心支持下，学校办学经费逐年增长，办学条件显著改善，美丽东大，日新月异。

东南大学总收入(1992—2024)

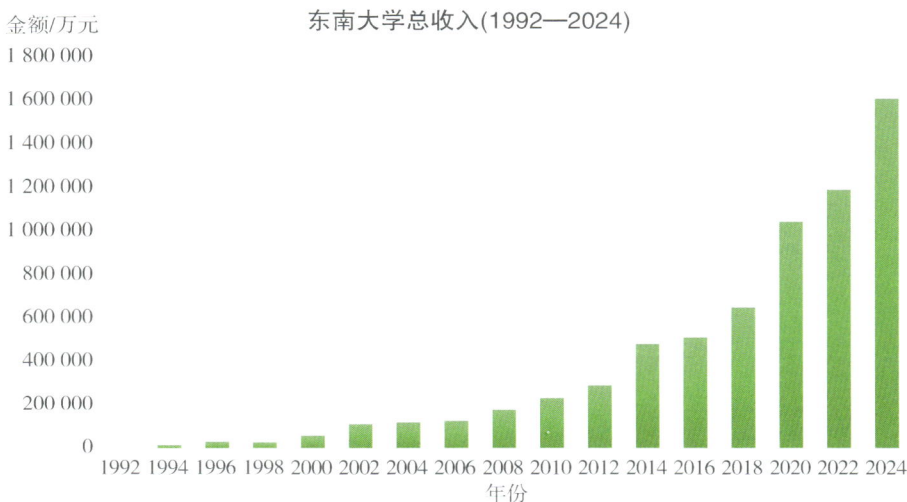

广大校友、企业及社会各界、海内外校友会等积极捐资，惠教泽学，为学校的发展提供了强有力的支持。

东南大学捐赠收入(2006—2024)

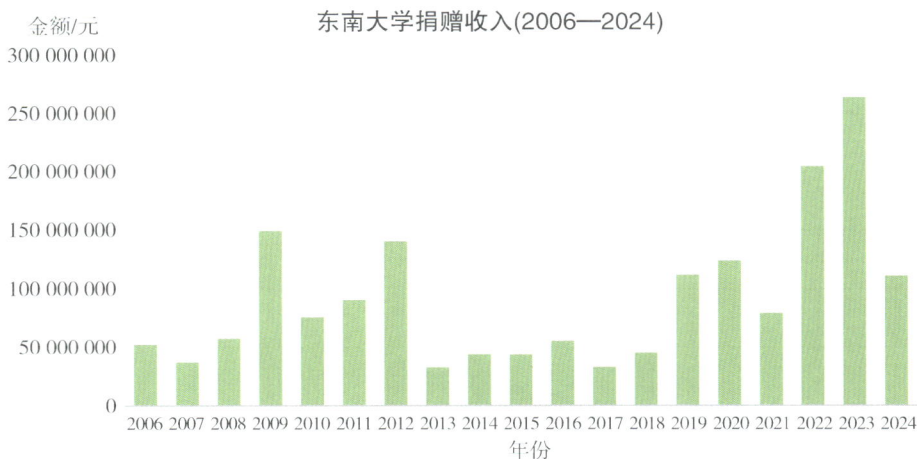

东南大学图书册数(2001—2024)

册数/册

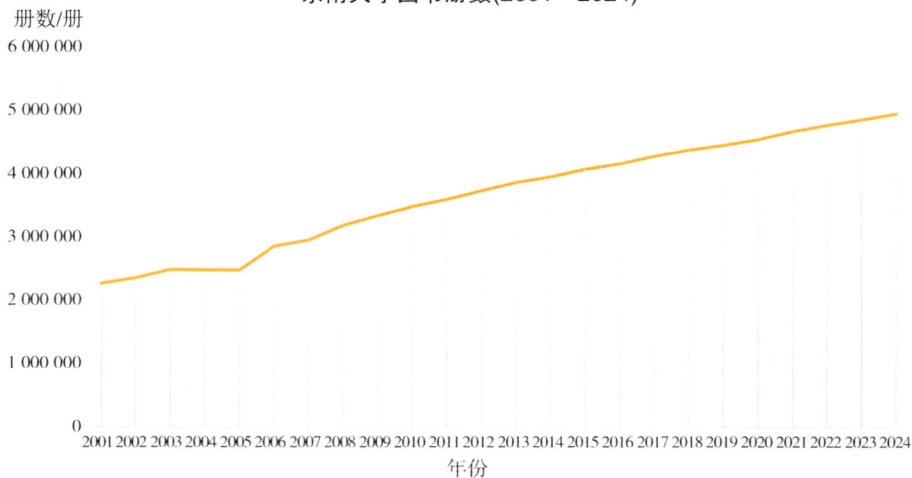

年份

东南大学教学科研仪器设备资产值(1996—2024)

金额/万元

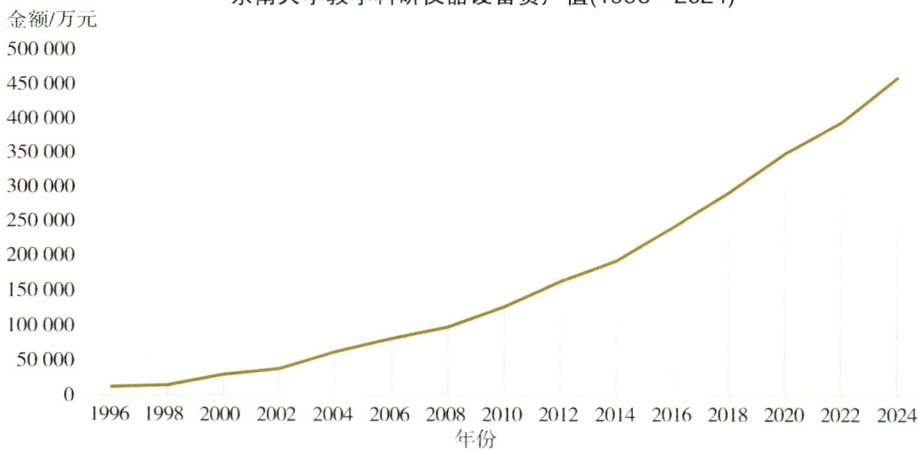

年份

八、辉煌百年　盛世双甲

　　2002 年，东南大学迎来了百年华诞。时任中共中央总书记、国家主席江泽民为东大建校百年题词："严谨求实，团结奋进，把东南大学建设成一流人才和创新成果的培育基地。"2002 年 5 月 31 日，东南大学建校 100 周年庆祝大会在四牌楼校区大礼堂隆重举行，大会由胡凌云书记主持，顾冠群校长作了《秉承百年优良传统、开创世纪新的辉煌》的报告，全国政协、教育部、江苏省、南京等 13 个设区市的领导同志、教育部直属高校、江苏及南京部分高校主要负责同志、30 余所海外大学嘉宾与东大师生、校友共同出席了庆典大会。

东南大学建校 100 周年庆祝大会在大礼堂隆重举行

东南大学举行吴健雄纪
念馆落成开馆仪式

2002 年 5 月 20 日，东
南大学与南京大学、南
京师范大学、南京农业
大学、河海大学、南京
工业大学、南京林业大
学、江苏大学、江南大
学等九所同根同源的高
校在南京五台山体育馆
联合举行百年庆典大会

江苏省人民政府向同根
同源、血脉相连的九所
大学赠送铜鼎，图为坐
落在东大四牌楼校区的
百年鼎

2012 年是东南大学 110 周年校庆，中共中央政治局常委、国务院总理温家宝为校庆题词"以科学名世，以人才报国"。2012 年 6 月 2 日，东南大学在四牌楼校区大礼堂举办建校 110 周年庆祝大会，郭广银书记主持大会，易红校长在大会上作了《荣耀与传承、使命与行动》的报告。全国人大常委会、全国政协、教育部、江苏省委、江苏省政协、中国作协等领导同志出席大会。三江师范学堂奠基人张之洞的孙女张厚粲、国立东南大学首任校长郭秉文的曾外孙女徐芝韵、国立中央大学校长顾毓琇的孙子顾宜凡亦亲临致贺。

东南大学建校 110 周年庆祝大会在大礼堂隆重举行

"风雅颂东南"——庆祝东南大学建校 110 周年专场演出

老校友与年轻学子共同参
与110周年校庆活动

2022年，东南大学迎来建校120周年。2022年6月6日上午，东南大学隆重举行建校120周年庆祝大会，左惟书记主持会议，黄如校长作了题为"承百廿荣光，启未来新路"的报告。全国人大常委会领导致信庆贺、教育部领导视频致辞，江苏省、南京市等13个设区市的领导同志、教育部直属高校、江苏及南京部分高校主要负责同志出席了庆典大会。大会通过"云上"进行同步直播，全校师生员工、海内外校友共同见证百廿风华，为母校庆祝生日。

120周年校庆之际，东大
师生收到了习近平总书记
的重要勉励

2022 年 6 月 6 日，东南大学建校 120 周年庆祝大会在九龙湖校区体育馆隆重举行

"百廿至善路　东南再出发"——庆祝东南大学建校 120 周年专场演出在九龙湖校区图书馆前广场举行

东南大学举办"爱从这里出发"师生校友伉俪告白母校活动

第八章

英才寰宇　情系母校

东南大学以人才报国，一个多世纪以来，为国家和社会培养了 40 万各类优秀人才，涌现了一批又一批在各个领域取得了重要成就、在国内外有重大影响的精英翘楚，在东大学习或工作过的两院院士达 200 多位，可谓英才寰宇。东大校友遍布世界各地，在美国、英国等 7 个国家设有校友会，全国省市级校友会及各类行业校友会达 50 多个。校友们情系母校，给予了学校许多关心与支持。

一、"两弹一星"元勋

"两弹一星"是新中国伟大成就的象征，1999 年 9 月 18 日，中华人民共和国成立 50 周年之际，中共中央、国务院及中央军委授予 23 名为研制"两弹一星"作出突出贡献的科技专家"两弹一星"功勋奖章，其中 5 人为我校校友。

中国动力气象学的创始人，"东方红 1 号"卫星总设计师，中国人造卫星事业的倡导者和奠基人之一。1933 年毕业于清华大学物理系。1944—1949 年兼任国立中央大学理学院气象系教授。2007 年 10 月 29 日，由中国科学院紫金山天文台发现的国际编号为"7811"的小行星被批准命名为"赵九章星"。

赵九章（1907—1968）

航天技术与液体火箭发动机技术专家，中国导弹与航天技术的重要开拓者之一，"中国航天四老"之一。1934年考入国立中央大学化工系。1980年当选为中国科学院学部委员。1985年获两项国家科技进步特等奖。

任新民（1915—2017）

2002年，百年校庆之际，任新民院士回母校访问并在致知堂和学生一起听课

黄纬禄（1916—2011）

中国著名火箭与导弹控制技术专家，被誉为"巨浪之父""东风-21之父"，"中国航天四老"之一。1940年毕业于国立中央大学电机系。1985年获国家科技进步特等奖。1991年当选为中国科学院学部委员。

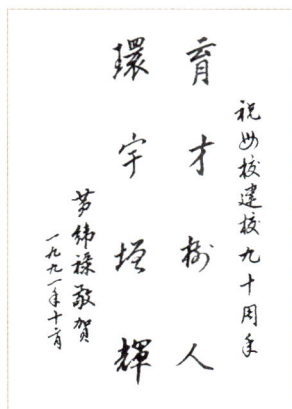

1992年学校90周年校庆之际，黄纬禄院士为学校题词

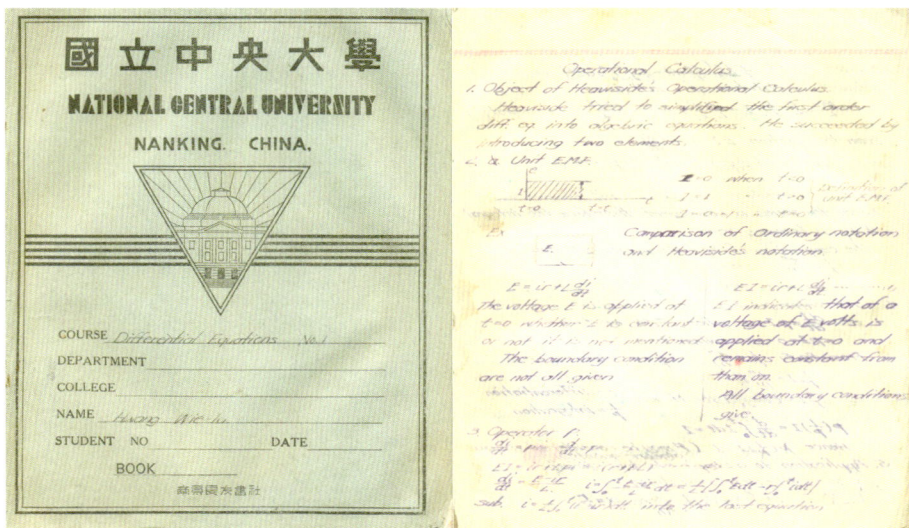

黄纬禄院士在中大就读时的笔记

空间技术和空间物理专家，中国第一颗卫星"东方红1号"方案的总负责人，中国空间技术的开拓者之一。1938年考入国立中央大学理化系，1943年毕业曾留校任教。1985年，其参与的"东方红卫星和返回型卫星"获得国家科技进步特等奖。

钱骥（1917—1983）

中国核科学事业的主要开拓者之一，负责并领导我国原子弹、氢弹的研究工作，被誉为"中国工程科学界支柱性的科学家"。1941年考入国立中央大学物理系。1980年当选中国科学院学部委员。1985年获国家科技进步特等奖。1994年当选首批中国工程院院士。2004年12月26日，由中国科学院国家天文台发现的编号为"10388"的小行星被命名为"朱光亚星"。

朱光亚（1924—2011）

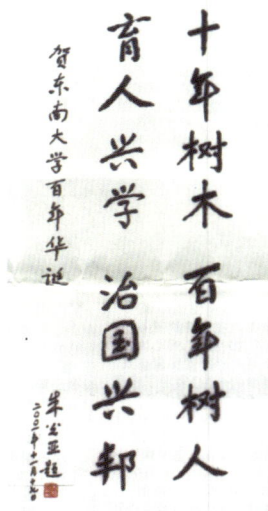

十年树木 百年树人
育人兴学 治国兴邦

贺东南大学百年华诞

朱光亚题

2002年，百年校庆之际，朱光亚院士发来贺信与题词

二、国家最高科学技术奖获得者

国家最高科学技术奖是国家科学技术奖中最高等级的奖项，自 2000 年设立以来，我校刘东生、闵恩泽、吴良镛、张存浩四名校友先后获此殊荣。

刘东生（1917—2008）

中国地球环境科学研究领域专家，创立了黄土学，平息了170多年来的黄土成因之争，被誉为"黄土之父"。1947—1949年，在中央地质调查所工作期间，到国立中央大学生物系进修现代生物学。1980年当选中国科学院学部委员。2004年获"2003年度国家最高科学技术奖"。2009年3月6日，由中国科学院国家天文台发现的编号为"58605"的小行星被命名为"刘东生星"。

闵恩泽（1924—2016）

中国炼油催化应用科学的奠基人，石油化工技术自主创新的先行者和绿色化学的开拓者，被誉为"中国催化剂之父"。1946年毕业于国立中央大学化学工程系。1980年当选中国科学院学部委员。1994年当选中国工程院院士。2008年获"2007年度国家最高科学技术奖"。2010年9月23日，由中国科学院国家天文台发现的编号为"30991"的小行星被命名为"闵恩泽星"。

吴良镛（1922— ）

著名建筑学家，城乡规划学家，人居环境科学的创建者，新中国建筑教育的奠基人之一。1944年毕业于国立中央大学建筑系。1980年当选中国科学院学部委员。1995年当选中国工程院院士。2012年获"2011年度国家最高科学技术奖"。2016年1月4日，由中国科学院国家天文台发现的编号为"9221"的小行星被命名为"吴良镛星"。1994年，吴良镛院士受邀回母校为师生做了"广义建筑学理论与实践"的学术报告。2007年，为庆祝东南大学建筑学院八十周年华诞，吴良镛院士返校参加院庆大会并致辞。

2002年，吴良镛院士（右二）回母校访问

著名物理化学家，我国高能化学激光的奠基人，分子反应动力学的奠基人之一。1947年毕业于国立中央大学化学工程系。1980年当选中国科学院学部委员。2014年获"2013年度国家最高科学技术奖"。2016年1月4日，由中国科学院国家天文台发现的编号为"19282"的小行星被命名为"张存浩星"。1992年东南大学90周年校庆之际，张存浩院士为母校题词"为迎接廿一世纪，有悠久光荣历史的母校一定能攀登新的科学高峰"。

张存浩（1928—2024）

2002年，张存浩院士受聘为东南大学兼职教授

三、名师大家

在各个历史时期，学校培养出了一大批为中国教育科技事业作出重大贡献的学术泰斗和各领域杰出人物。

"中国小麦之父"金善宝

金善宝（1895—1997）

著名小麦育种家、农业教育家，中国现代小麦科学的主要奠基人。早期育成的"中大2509"和"中大2419"等小麦优良品种为中国粮食增产作出了重大贡献。1917年考入南京高等师范学校农业专修科。1932年起长期任教于国立中央大学农学院。1955年当选为中国科学院学部委员。1957年当选为全苏列宁农科院通讯院士。1986年获"美国农业服务基金会永久荣誉会员"奖牌。

金善宝为东南大学90周年校庆题词"母校九十周年校庆志贺"

"科学之光" 严济慈

严济慈（1901—1996）

　　著名物理学家、教育家，中国现代物理学教育的创始人之一，中国光学研究和光学仪器研制的奠基人之一，中国研究水晶压电效应第一人。1923年毕业于国立东南大学物理学系。1948年当选为中央研究院院士。1955年当选中国科学院学部委员。2012年5月28日，由中国科学院国家天文台发现的编号为"10611"的小行星被命名为"严济慈星"。1988年6月，受聘为东南大学校务委员会名誉主任。

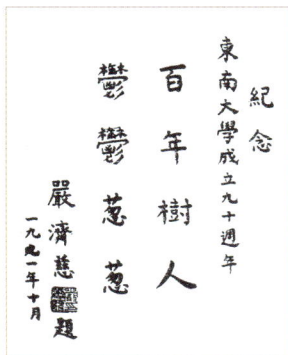

紀念
東南大學成立九十週年
百年樹人
鬱鬱蔥蔥
嚴濟慈 題
一九九一年十月

严济慈为东南大学90周年校庆题词

1988年6月6日，南京工学院复更名东南大学，图为严济慈为东南大学揭幕

"蘑菇云"的制造者赵忠尧

著名物理学家，中国核物理研究和加速器建造事业的开拓者，首次发现了正电子的存在，是人类物理学史上第一个发现反物质的科学家。1920年考入南京高等师范学校，1924年毕业后留校任教。1948年当选中央研究院院士。1955年当选中国科学院学部委员。

赵忠尧（1902—1998）

热心教育改革
培育科技人才

母校九十周年校庆
赵忠尧
一九九一年十二月七日

赵忠尧为东南大学 90 周年校庆题词

"文理大师"顾毓琇

顾毓琇（1902—2002）

中国电机、无线电和航空教育的奠基人之一，国际公认的电机权威和自动控制理论的先驱，集科学家、教育家、诗人、戏剧家、音乐家和佛学家于一身，学贯中西，博古通今，是中国近代史上杰出的文理大师。1931年任国立中央大学电机系教授兼工学院院长。1944—1945年，任中央大学校长。1950年后，历任麻省理工学院教授，宾夕法尼亚大学终身教授、荣休教授。1988年，受聘为东南大学名誉教授。

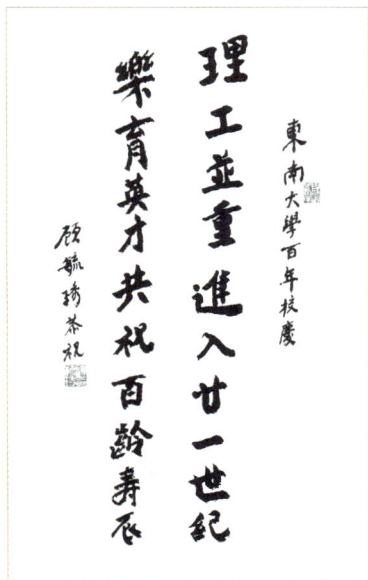

顾毓琇为庆贺东南大学百年华诞题词：理工并重进入廿一世纪，乐育英才共祝百龄寿辰

1988年，顾毓琇（右二）携家人在六朝松下合影

"语言学宗师"吕叔湘

吕叔湘（1904—1998）

　　著名语言学家、教育家，中国语言学界的一代宗师，主持《现代汉语词典》《中国大百科全书》等书的编纂工作，是中国近代汉语研究的拓荒者和奠基人。1922年考入国立东南大学外国文学系，1926年毕业后赴牛津大学、伦敦大学学习。1980—1985年任中国语言学会会长。1994年当选为俄罗斯科学院外籍院士。1988年6月，学校复更名之际，吕叔湘回母校，与师生追忆校史，勉励师生在东南大学新的进程中努力奋斗，为母校争光。

1988年6月，韦钰、韩培信、严济慈、吕叔湘（右一）在梅庵合影

"台湾科技之父"李国鼎

李国鼎（1910—2001）

杰出经济学家。1926年考入国立东南大学，1930年毕业于国立中央大学物理学系。1991年荣膺英国剑桥大学伊曼纽尔学院荣誉院士。1992年向学校捐赠著述图书及有关经济学、法学等方面的台版书籍、期刊。1993年，东南大学聘任李国鼎为东南大学校务委员会名誉主任及东南大学名誉教授，并建成国鼎图书室收藏相关书籍，长期展出李国鼎先生成长历程和贡献的图片。

东南大学校务委员会主任钱钟韩教授（左一）向李国鼎先生（左二）颁发名誉教授证书，右一为唐念慈，右二为韦钰

"东方居里夫人"吴健雄

吴健雄（1912—1997）

著名核物理学家，被誉为"东方居里夫人"。1934年毕业于国立中央大学物理学系。1958年当选为美国科学院院士。1975年，因在β衰变研究领域的突出贡献获美国最高科学荣誉——国家科学勋章。1990年5月，由中国科学院紫金山天文台发现的编号为"2752"的小行星被命名为"吴健雄星"。1994年当选为中国科学院首批外籍院士。1990年受聘为东南大学校务委员会名誉主任、校友总会名誉会长、名誉教授。1999年，袁家骝先生为纪念夫人吴健雄，在学校设立了"吴健雄袁家骝科学讲座基金会"，用于资助世界著名科学家到中国举办科学讲座，以奖掖后学，推动中国科学进步。2002年，学校与江苏省共同建设吴健雄纪念馆，陈列了由吴健雄家属和美国哥伦比亚大学捐赠的遗物，展示这位杰出科学家的风采。

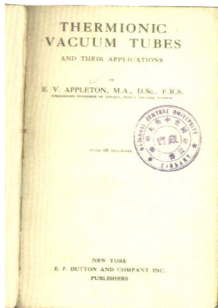

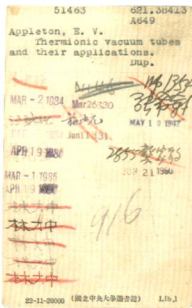

1990年，吴健雄、袁家骝夫妇在六朝松前合影

吴健雄在中央大学就学时读过的书和借书卡

"一代报人"余纪忠

余纪忠（1910—2002）

　　著名报人、实业家、社会活动家和教育家，《中国时报》创办人。1932年毕业于国立中央大学历史系。1994年捐巨资修葺大礼堂。1995年，受聘为东南大学校务委员会名誉主任及东南大学名誉教授。1999年，余纪忠先生和夫人余蔡玉辉女士创立华英文化教育基金会，襄助母校培育中青年学术骨干、促进国际合作交流。

余纪忠先生（右三）为大礼堂修缮竣工典礼剪彩

2000年，华英文化教育基金会第一次董事会议
（左起刘遵义、刘兆汉、许倬云、余纪忠、余蔡玉辉、余范英、陈懿、陈笃信）

纪忠楼，余蔡玉辉女士捐建（2007年）

四、两院院士

一百二十多年来，在学校求学和任教的两院院士有两百多位，他们如群星璀璨，闪耀在东大的历史长河中。

1950 年代

钱崇澍	梁 希	赵承嘏	秉 志	李四光	竺可桢	陈焕镛
周 仁	戴芳澜	陈 桢	庄长恭	金善宝	张景钺	茅以升
胡经甫	吴有训	汪胡桢	潘 菽	刘敦桢	蔡 翘	周志宏
俞建章	秦仁昌	王家楫	叶企孙	罗宗洛	谢家荣	冯泽芳
恽子强	曾昭抡	向 达	伍献文	张肇骞	严济慈	斯行健
杨廷宝	施汝为	张钰哲	童第周	赵忠尧	吴学周	邓叔群
夏坚白	魏 曦	柳大纲	黄汲清	郑万钧	吕叔湘	侯光炯
袁翰青	陆学善	余瑞璜	钱临照	涂长望	赵九章	王应睐
周同庆	黄文熙	吴学蔺	张文佑	狄超白	盛彤笙	严 恺
汤飞凡	赵宗燠	傅承义	张宗燧			

1980 年代

高济宇	李春昱	方 俊	郑作新	王葆仁	徐克勤	袁见齐
毕德显	朱壬葆	周惠久	高怡生	陈永龄	蔡 旭	钱钟韩
徐芝纶	胡世华	翁文波	侯学煜	黄耀曾	时 钧	杨澄中
吴中伦	任美锷	徐冠仁	张致一	郑国锠	张钟俊	任新民
吴汝康	王世真	鲍文奎	刘东生	业治铮	嵇汝运	王德宝
高 鸿	林同骥	陈学俊	汪闻韶	陶诗言	陈荣悌	陆元九
高由禧	冯 康	朱 夏	刘有成	陈家镛	吴良镛	钱 宁
冯 端	梁晓天	闵恩泽	朱光亚	郭燮贤	张存浩	戴元本
章 综	刘盛纲					

1990 年代

朱显谟	黄纬禄	薛社普	童宪章	吴传钧	杨立铭	戴念慈
汤定元	颜鸣皋	张广学	黄葆同	胡聿贤	李德生	尹文英
楼南泉	赵仁恺	夏培肃	陆婉珍	王业宁	经福谦	孙曼霁
闵桂荣	孙 枢	袁道先	郭令智	陈鉴远	齐 康	吴健雄
姜泗长	吴中伟	冯元桢	陆元九	赵仁恺	胡海涛	闵恩泽
朱光亚	文伏波	周 镜	丁衡高	闵桂荣	倪光南	韦 钰
严 恺	曾德超	陆孝彭	吴良镛	朱起鹤	任继周	李季伦
胡宏纹	黄熙龄	冯纯伯	伦世仪	唐明述	时铭显	薛禹胜
张涤生	王士雯	田在艺	王德滋	童秉纲	陆钟武	钟训正
陈清泉	吕志涛	顾冠群	黄其励	李 坪	刘大钧	戴复东
陈星弼	李幼平	李德毅				

2000 年以来

徐寿波	张乃通	孙忠良	江东亮	张耀明	黄培康	孙 伟
程泰宁	贺 林	杨焕明	黄 卫	莫宣学	于俊崇	缪昌文
赖远明	魏炳波	张广军	宣益民	王建国	常 青	孟建民
房建成	黄 如	樊 嘉	陆 军	段 进	崔铁军	林 鸣
滕皋军	顾 宁	史生才	孙友宏	刘加平	熊仁根	王江舟
尤肖虎	郭 雷	曾 滨				

注：院士名单以当选时间排序，同年当选者长者在前。部分院士因是两院院士，当选年份不同，故在名单中出现两次。

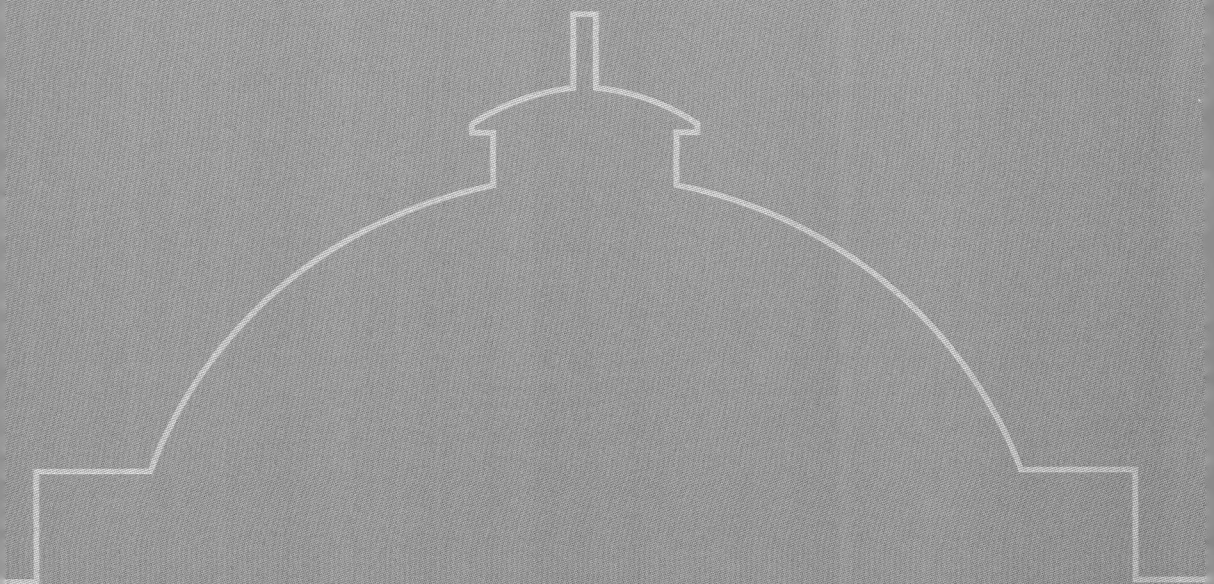

附录

一、烈士英名录

三江、两江时期校友

刘伯厚　余良鳌　赵　声　周　实

南高、东大时期校友

吴　肃　谢远定　杨贤江　杨杏佛　宛希俨　吴致民　马霄鹏
成　律　吴光田　文化震　钟天樾　程镛之　邹维清①

中央大学时期校友

王崇典　齐国庆　黄祥宾　顾　衡　李林泮　陈朝海　曹壮父
刘惠馨　李竹如　王峻昆　郁永言　徐惊百　吕国英②　程履绎
成贻宾　焦伯荣　赵寿先　郑显芝　赵宗麟③　谭　讷　白深富
古传贤　郭重学　胡　南　韦延鸿　赵晶片　董俊松　苏有能
邓醒狮　丁　文　陈锡瑶　王为尧　彭加木

南京交通高等专科学校校友

唐世华　邱德良

---

① 邹维清又名邹正源。
② 吕国英为旁听生。
③ 赵宗麟又名柳乃夫。

二、院系发展年表（1978—2024）

　　1978 年之前，学校已有 8 个系别和 1 个教研室：建筑工程系、机械工程系、动力工程系、无线电工程系、土木工程系、电子工程系、基础科学系、自动控制系、马列主义教研室。

·1981 年

　　成立计算机科学与工程系，2006 年更名为计算机科学与工程学院。

　　建筑工程系更名为建筑系。

·1983 年

　　设立外语教研室，1987 年改名外国语言系，2006 年更名为外国语学院。

　　成立物理化学系，1989 年更名为物理系，2017 年更名为物理学院。

　　成立数学力学系，1997 年更名为应用数学系，2002 年更名为数学系，2017 年更名为数学院。

·1984 年

　　成立社会科学系。

　　创建生物医学工程系，1990 年更名为生物科学与医学工程系，2006 年更名为生物科学与医学工程学院。

　　成立材料科学与工程系，2006 年更名为材料科学与工程学院。

·1985 年

　　成立哲学与科学系。

　　成立电气工程系，2006 年更名为电气工程学院。

　　创建少年班，1990 年发展成为强化班，2003 年成立吴健雄学院。

·1987 年

　　成立管理学院，1991 年经济贸易系并入管理学院更名为经济管理学院。

　　体育教研室改名为体育系。

·1988 年

　　恢复成立化学化工系，2006 年更名为化学化工学院。

　　成立经济贸易系。

· **1989 年**

成立交通运输工程系，1995 年更名为交通学院。

· **1990 年**

成立理学院、文学院。

· **1992 年**

成立仪器科学与工程系，2006 年更名为仪器科学与工程学院。

· **1994 年**

成立艺术学系（隶属文学院）；20 世纪 90 年代末成立文学院现代艺术设计研究中心（2004 年改为人文学院艺术传播系）；2006 年，在此基础上组建艺术学院。

· **1995 年**

成立法律系（隶属文学院），2006 年成立法学院。

· **1997 年**

土木工程系更名为土木工程学院。

· **2000 年**

4 月，东南大学、南京铁道医学院、南京交通高等专科学校合并，南京地质学校并入，组建新的东南大学，成立医学院。7 月，成立公共卫生学院、基础医学院、临床医学院。

2009 年撤销原东南大学医学院、临床医学院和基础医学院建制。原基础医学院和临床医学院合并重新成立医学院。

· **2001 年**

动力工程系与热能工程研究所合并，2006 年调整成立能源与环境学院。

成立软件学院，2008 年成立软件学院（苏州）。

· **2002 年**

文学院更名为人文学院。

· **2003 年**

建筑系更名为建筑学院。

成立集成电路学院，2016 年更名为微电子学院。

·2004 年

合并成人教育学院、职业技术教育学院、远程教育学院，成立继续教育学院。

·2005 年

成立海外教育学院。

·2006 年

机械工程系更名为机械工程学院。

无线电工程系更名为信息科学与工程学院。

电子工程系更名为电子科学与工程学院。

自动控制系更名为自动化学院。

·2011 年

成立马克思主义学院。

撤销理学院。

·2012 年

成立东南大学 – 蒙纳士大学苏州联合研究生院。

·2016 年

成立网络空间安全学院。

·2017 年

成立东南大学雷恩研究生学院。

·2018 年

成立人工智能学院。

·2019 年

成立生命科学与技术学院。

·2023 年

成立国家卓越工程师学院。

成立未来技术学院。

·2024 年

成立东南大学统计与数据科学学院。

三、东南大学校友会一览表（截至 2024 年）

海外	美国	硅谷校友会
		俄亥俄校友会
		芝加哥校友会
		美南校友会
		大纽约地区校友会
		波士顿校友会
		密歇根校友会
		华盛顿校友会
	加拿大	温哥华校友会
		多伦多校友会
		卡尔加里校友会
	澳大利亚	悉尼校友会
		墨尔本校友会
	英国	英国校友会
	德国	德国校友会
	日本	日本校友会
		九州校友会
	新加坡	新加坡校友会
国内	特别行政区	香港校友会
		澳门校友会
	直辖市	北京校友会
		上海校友会
		重庆校友会
		天津校友会
	省级	辽宁校友会
		黑龙江校友会（筹）
		山东校友会

续表

国内	省级	河北校友会（雄安）
		河南校友会
		陕西校友会
		安徽校友会
		浙江校友会
		湖南校友会
		湖北校友会
		福建校友会
		广东校友会
		广西校友会
		四川校友会
		云南校友会
		贵州校友会
		海南校友会
		山西校友会
		江西校友会
		甘肃校友会
	市级	南京校友会
		苏州校友会
		无锡校友会
		常州校友会
		镇江校友会
		扬州校友会
		南通校友会
		淮安校友会
		盐城校友会
		徐州校友会
		泰州校友会

国内	市级	连云港校友会
		鞍山校友会
		大连校友会
		青岛校友会
		烟台校友会
		马鞍山校友会
		宁波校友会
		温州校友会
		厦门校友会
		泉州校友会
		佛山校友会
		深圳校友会
		珠海校友会
	县级市	昆山校友会
		吴江校友会
		张家港校友会
	合并院校、职教	地校校友会
		交专校友会
		职教校友会
学科行业性校友会		医学影像校友会
		集成电路校友会
		生命科学校友会
		EMBA 校友会
		MBA 校友会
		汽车行业校友会
		医药健康行业校友会

》后记

　　鉴往知来，砺行致远。为传承学脉薪火，彰扬东大精神，在东南大学校史编纂委员会指导下，校史研究室以《东南大学史》三卷本为纲，校史展陈及《图说东大》等史料文献为依托，博采众议，精研覃思，终成此卷《东南大学图史》。全书以精要史笔辅以珍贵图片，图文并茂地诠释了学校百廿风华与辉煌成就。

　　本书图片主要来源于东南大学档案馆、中国第二历史档案馆、中国国家图书馆、南京图书馆所藏档案及文献资料，宣传部和各相关院系部门，并承校友襄助、网络文献补遗；数据稽考则本于校史、档案、年鉴及院系部门统计资料，时间多截止至2024年，个别数据至2025年初，务求言必有据、考据精审。编纂体例采断代分期与专题叙事相济，沿历史经纬纵向展开，依学校建设横向铺陈。全书秉持"信而有征，述而不作"之修史准则，重点勾勒双甲子发展脉络，聚焦重大历史节点、教育革新举措、科研创新成就及贤达群像，力求史笔与史识兼具。

　　在编写过程中，本书得到了学校党政领导的高度重视与关怀，并获档案馆、党委宣传部、党委办公室、校长办公室和各相关院系部门领导及老师的鼎力支持，时巨涛、郑立琪、王向渤、肖太桃、顾永红、冯建明、杨树东、徐悦、周虹、姜平波、李昭昊、宋健刚、彭龙、纪晓群等老师为本书悉心审核、倾智斧正，在此表示衷心的感谢！本书的顺利付梓离不开东南大学出版社的大力支持，戴丽、陈淑编辑团队严谨校勘、辛勤付出，在此谨致谢忱。

　　本书由刘云虹、郭淑文、徐源主笔撰述，因篇幅所限，无法面面俱到、条分缕析，又囿于资料及编者学识有限，不足疏漏之处在所难免。在此，恳望广大读者不吝赐教、批评指正，以期臻于完美、止于至善。

东南大学校史研究室

二〇二五年三月